La vie... La mort... La vie...

La vie... La mort... La vie...

Par

Christian Boudreau

Médium consultant, Parapsychologue

ISBN no 978-2-9812907-0-0

Dépôt légal – Bibliothèque nationale du Canada 2011
Dépôt légal – Bibliothèque nationale du Québec 2011

Les éditions Sarrazin

Présidente Lyne Sarrazin
lynesarrazin@sympatico.ca
(514) 770-7070

À ma mère Francine, que du haut du ciel tu puisses vivre cette paix que tu as méritée. J'espère que tu continueras de veiller sur moi comme tu l'as toujours fait depuis toujours. Tu es la femme de ma vie et merci pour ton amour, ta compréhension, tes conseils et ton sourire.

Je t'aime

Christian xxx

Préface de Linda Lafortune

Un petit mot pour te dire merci Christian…

Dans un moment de grande tempête dans ma vie, en octobre 2003, je marchais dans l'ombre de ma peine car je portais cette ultime douleur au ventre et au cœur : mon fils Pascal venait de mourir dans mes bras. Mon cœur de maman était inconsolable. Je savais que mon fils était parti ailleurs… mais où?

Lorsque l'on fait face à une épreuve de vie, on cherche à obtenir des réponses claires, à connaître les raisons de tant de souffrance? J'ai toujours eu la foi en Dieu et en l'amour. J'ai donc prié haut et fort, j'ai demandé à mon fils de me faire des signes du haut du ciel, me fournir une certitude au fond de mon cœur pour m'aider à voir autre chose que ma peine profonde. À l'époque, j'étais assez sceptique de nature et pas si ouverte que ça aux mystères de l'au-delà. J'ai fait une promesse à Dieu. En prière, je lui ai dit que si je recevais un cadeau du ciel, un signe qui me donne une preuve que mon fils vivait bien ailleurs, de l'autre côté, je promettais à plus grand que moi que je réaliserais de grandes choses à partir de ce cadeau ultime et sacré.

Le cadeau est venu à moi un dimanche après-midi, à un moment où je ne l'attendais pas… Émotionnellement, j'étais au plus bas des étapes de mon deuil. Environ 6 semaines après la mort de mon fils, ma belle-sœur de l'époque est allée consulter Christian et une surprise l'attendait : Pascal était là pour elle et il avait un message urgent à me livrer. Du haut du ciel, il savait déjà qu'il me l'apporterait. Aujourd'hui, je pense qu'il avait choisi Christian comme canal car il savait que ça prendrait un bon gros coup de pied d'amour pour sortir sa mère de son immense peine. Il a réussi…

Christian ressentait des manifestations de mon fils chez-lui depuis un bon moment. Il apparaissait soudainement dans sa maison et lui disait qu'il voulait parler à sa mère. Christian possède depuis toujours ce don de voir et d'entendre les personnes décédées, ce qui fait qu'il a pu agir comme une porte merveilleuse pour mon fils ce jour-là. Nous avons alors assisté à la naissance de quelque chose de très important entre nous : le premier pas de mon ouverture du cœur face à l'invisible. Notre grande histoire d'amour, malgré la mort et la séparation physique, a pu continuer grâce à sa main invisible et sa vibration du ciel, aidés par le canal et la voix de Christian.

Mon beau Christian, je veux te remercier infiniment d'avoir bien voulu être une porte de lumière entre le ciel et la terre. Tu as eu beaucoup de patience et de générosité envers nous et tu m'as aidée à mieux comprendre la mort et la vie après la mort. Tu as choisi de nous accueillir chez-toi, toujours à bras ouvert. Par le biais de nos rencontres de lumière, j'ai reçu cette intime conviction qui m'a par la suite donné la force de transformer ma vie. J'ai pu tout doucement guérir ma peine et j'ai écrit notre histoire d'amour. Je me suis nourrie au quotidien de l'essence pure qui nous unit, Pascal et moi, en lumière pour toujours. J'ai tenu ma promesse, je réalise de grandes choses avec le cadeau de Dieu et des anges : mon cœur est devenu vibration d'amour et en collaboration avec le ciel, je suis devenue moi aussi porteuse de messages de guérison car depuis 2008, je travaille en lumière avec les anges pour semer l'amour inconditionnel.

Aujourd'hui, pour la publication de ce livre qui se veut pour toi un nouveau départ vers la réalisation de la vérité inspirée du ciel, je te souhaite, mon cher Christian, le plus grand des succès. J'espère être pour toi une petite voie de lumière remplie de douceur et je veux seulement te rappeler à mon tour qu'au cœur de cette épreuve que tu viens de traverser, tu n'es pas seul. L'amour est au centre de ton cœur et c'est grâce à ta foi que tu as survécu. Tu as choisi de rester alors, l'amour a été plus fort que tout. Bonne guérison et bon nouveau départ en lumière.

Bisous, Linda xxx

Introduction

« La vie des grands hommes nous rappelle que nous aussi nous pouvons rendre notre vie sublime, et laisser derrière nous, après la mort, des empreintes sur le sable du temps ».

Henri Longfellow

La mort...Le seul fait de prononcer ce mot a pour effet de nous amener certaines interrogations. Encore aujourd'hui, la mort demeure une fascination pour l'homme mais également une grande source d'interrogations : on cherche le pourquoi, le comment et même ce qui se passe après?. Pour plusieurs personnes, la mort est un envoûtement mais pour d'autres le sujet est encore tabou. Mais avant de se demander ce qui arrive après la mort, il faut se demander qu'est-ce que la mort ? La mort est tout simplement un passage obligé, une fin où le corps physique s'éteint et où l'âme de cette personne accède de nouveau à un processus complexe mais présent d'apprentissage et de réalisation.

Bien que la mort apporte son lot de questions, la plupart des gens ont peur de mourir, ce qui est compréhensible en soi. Mais lorsque vous leur demandez s'ils ont peur de la mort, la majorité des gens répondront que ce n'est pas de la mort comme telle dont ils ont peur mais bien de la souffrance. Les grandes interrogations de ce monde débutent souvent par une crainte face à la mort. Les gens se demandent souvent s'ils vont souffrir lors de leur mort, si tout s'arrête là ou même s'il y a une vie après la mort. Je ne suis pas en mesure de dire si les gens ressentent de la souffrance à la mort mais ce dont je suis certain, c'est qu'il existe vraiment une vie après la mort.

Lorsqu'il est question de la vie après la mort, la majorité des gens croient que nous parlons d'une vie réelle pour l'âme de la personne défunte dans une forme de paradis, de repos éternel. Ce qu'il faut comprendre, c'est que la vie après la mort n'est pas seulement attribuée à la forme de vie qui survient à la mort pour le défunt mais bien à la vie que nous, survivants de ces morts, devons vivre et à laquelle nous devons nous adapter.

La vie après la mort suscite beaucoup de questionnements et provoque souvent une fascination pour l'homme. Que l'on y croit ou pas, je suis certain que la fascination et les interrogations seront toujours présentes. Depuis que le monde est monde, les hommes se sont toujours intéressés à la mort et aux rituels qui l'entourent et je fais moi-même partie de cette catégorie de gens.

Depuis que je suis tout petit, j'ai la chance de posséder une faculté qui me permet de communiquer avec le non-vivant, ce qui m'a souvent poussé à effectuer des recherches visant à comprendre de quoi j'étais atteint. Pendant mes études, je me suis intéressé aux différentes facettes des cultures de la mort que l'on retrouve un peu partout dans le monde. Par la suite, mes enquêtes m'ont mené aux bons endroits et m'ont permis de comprendre ce qui se passait vraiment avant, pendant et après la mort. Pendant toutes ces années où j'ai parcouru le monde en quête de cette vérité, j'ai amassé une grande quantité d'informations grâce aux rencontres que j'ai faites, aux contacts que j'ai eus, que ce soit avec des défunts ou des êtres de lumière. J'ai compilé toutes ces informations afin de pouvoir mieux comprendre cette réalité qu'est la vie après la mort.

Depuis plusieurs années, je rencontre des gens afin de pouvoir établir certains contacts avec leur monde de l'invisible. Chaque fois, c'est une belle histoire qui débute et qui nous mène vers un dénouement heureux. La plupart des gens que j'ai rencontrés à mon cabinet disent avoir maintenant une certitude qu'il y a quelque chose après la mort.

Même les plus sceptiques y trouvent une certaine forme d'interrogation supplémentaire qui ébranle leurs convictions. Par exemple, il n'est pas rare qu'après une conférence, certains hommes viennent me rencontrer pour me dire qu'au départ, il ne voulaient pas être présents mais qu'ils ont accompagné leurs conjointes pour leur faire plaisir et que, personnellement, ils ne croyaient pas du tout à cette réalité de la vie après la mort. Ils me disent que j'ai maintenant semé le doute en eux qu'ils croient maintenant qu'il peut exister une certaine forme de vie ou d'activité après la mort.

Par le passé, j'ai également remarqué que beaucoup de gens se posaient ces mêmes questions mais n'en parlaient pas car ils étaient coincés à l'intérieur d'une certaine forme de doctrine religieuse. La foi et la religion sont deux choses très distinctes. Que vous croyiez ou non en Dieu, ça vous regarde, mais vous comprendrez que la foi peut déplacer des montagnes et même vous garder en vie, et à ce sujet, croyez-moi j'en aurais long à dire.

Que vous croyiez en Jésus-Christ, Allah, Bouddha ou toute autre divinité, le principe de la vie après la mort ne s'accorde en rien avec le point de vue religieux de chacun mais bien avec la foi.

Ma mission est simple : enseigner ce que je sais et ce que j'ai appris des vérités du monde de l'invisible, continuer de communiquer et d'aider les gens à comprendre et accepter ces réalités. Dans ce livre, vous parcourrez plus de 10 ans d'études sur le sujet. Plusieurs me diront que ce sont des choses qu'ils connaissent déjà, alors tant mieux car il est toujours bon de se rafraîchir la mémoire. Mais pour tous ceux et celles qui ont soif d'apprendre sur la vie après la mort, j'ose croire que cet ouvrage pourra répondre à vos questions, alléger vos souffrances ou vous donner le goût d'aller un peu plus loin.

Je vous souhaite à tous paix, amour, succès, bonheur, joie, lumière et que les anges et Dieu lui-même veillent sur vous et vous permettent de réaliser les plus grands souhaits que votre cœur puisse chérir.

Chapitre 1

Ma simple biographie

Place des arts, février 1975.

Pendant le spectacle de la chanteuse Emmanuelle, je donnais déjà du fil à retordre à ma mère Francine, originaire de Verdun sur l'île de Montréal, qui avait 20 ans à l'époque. J'ai décidé de faire débuter le travail de ma mère pendant ce spectacle.

Quelques jours plus tard, le 11 février exactement à 9h du matin, mon père Paul, âgé de 27 ans et originaire des Iles-de-la-Madeleine, décida d'amener ma mère à l'hôpital de Ville Lasalle car à ce moment-là, les membranes étaient déjà rupturées depuis un bon moment et j'étais pressé de voir le jour et le vrai monde sans me douter de ce qui m'attendait vraiment.

Après plusieurs heures de travail et d'énormes douleurs, les médecins décidèrent de pratiquer une césarienne à ma mère, car j'étais trop gros. Tout près de 12 livres. À 16h20, une tête sortit, puis un corps et le miracle de la vie se reproduisit de nouveau. J'étais enfin né. Je me présente à vous: Christian Boudreau, médium consultant et parapsychologue.

Déjà à cet âge, j'étais pressé de vivre et voir ce que la vie avait à m'apprendre. Très curieux de nature, je m'aventurais dans tous les recoins possibles de la maison. Combien de fois, à son grand désespoir, j'ai vidé les armoires de ma mère, dévalé les marches de l'escalier de l'entrée avec mon petit canard jaune sur roues. Je leur en ai fait voir de toutes les couleurs …

À première vue, j'étais aux dires de ma famille, tout ce qu'il y a de plus normal comme enfant sauf que… je parlais souvent seul, jouais seul et avais pour compagnons des soi-disant « amis imaginaires ». Surprise… ils n'étaient pas si imaginaires que ça.

Dès mon plus jeune âge et ce, du plus loin que je me souvienne, j'ai toujours vu, entendu et dialogué avec des êtres que je croyais vivants mais qui, en réalité, étaient tous du royaume de l'invisible. Je croyais que tout cela était normal, car c'est ce que mes yeux voyaient et ce, depuis le jour de ma naissance. Eh oui, je suis né avec une faculté spéciale…je suis né médium.

Pendant ma période préscolaire, j'étais le seul enfant de la famille, tant du côté de mon père que de ma mère, j'ai été un enfant quelque peu gâté. Je n'avais pas beaucoup d'amis et me plaisais avec les grands. Mais mon refuge était cette dame prénommée Damabiah que je voyais constamment et que j'appelais ma « deuxième mère ». Elle était toujours là pour me réconforter et me guider dans mon évolution d'enfant.

Puis un jour, ma mère m'annonça que j'allais devenir un grand frère. Wow! Enfin un autre bébé et en plus, ce serait une sœur. Je m'étais dit qu'enfin j'aurais quelqu'un avec qui jouer et partager tout ce que je vivais.

Mais sept mois et demi plus tard, et oui ma sœur était plus pressée que moi à venir au monde, quelle déception… arriva un enfant anormal…à mes yeux à moi, mais tout ce qu'il y a de plus normal aux yeux des autres. Ma sœur ne voyait pas du tout ce que je voyais et n'entendait rien du tout. C'est plutôt moi qui l'entendais pleurer et hurler. J'avais perdu ma maman. Ma sœur était venue me la voler. Damabiah, dont à l'époque j'ignorais le statut d'Ange, me rassurait et m'aidait.

Ma mère a constaté aussitôt le petit problème et m'a inscrit au hockey…quelle catastrophe! Aucun plaisir sauf celui de tirer sur les joueurs avec mon fusil imaginaire qu'était mon bâton de hockey. Elle m'initia à la lecture très jeune. Elle lisait des romans et moi pour faire comme elle et passer du temps à ses côtés, j'ai commencé à lire des bandes dessinées.

Quel bel univers! Je m'évadais avec Superman, X-Men, les quatre amis fantastiques, Goldorack, mais surtout Batman, qui reste encore aujourd'hui mon super héros préféré.

L'école a été pour moi LA torture suprême. Comme j'étais, aux yeux des enseignants, un enfant solitaire et isolé du reste du groupe, on ne me prêtait pas souvent attention. Ce qu'ils ignoraient, c'est que je n'étais pas seul, j'avais beaucoup d'amis avec moi. Je trouvais les autres enfants très méchants de ne pas saluer mes amis à moi et de ne pas leur accorder d'attention. Je trouvais que les autres enfants de mon âge étaient anormaux…sans me douter que c'était moi qui étais différent. Je me consolais dans la lecture, les bandes dessinées, la musique, la télévision et la ruelle, endroit de prédilection pour un enfant comme moi. Il y avait plusieurs endroits où me réfugier et me cacher. J'étais le roi de la ruelle et tous étaient mes disciples.

Mes parents m'ont fait suivre par des psychologues, psychiatres, thérapeutes de toutes sortes, mais sans résultat. Je savais par contre que si j'étais effrayé, je pouvais me confier à ma mère qui me disait que tout allait bien et que mes amis (imaginaires selon les spécialistes) étaient toujours les bienvenus chez-nous.

C'est à 9 ans que je compris que c'était moi qui étais différent. Damabiah m'a dit, à un moment donné au cours de cette année-là, qu'un jour je serais reconnu et que je verrais le monde. Je me souviens très clairement de cette belle journée de mai 1984. J'étais assis dans les marches de l'escalier de la tourelle qui s'imposait dans la ruelle. J'étais seul à contempler ce soi-disant royaume qui était le mien, celui de ma solitude d'enfant. Je mangeais un « popsicle » à l'orange. J'écoutais celle qui avait toujours été là pour moi.

Une telle affirmation permettait de rêver à n'importe quel enfant de 9 ans. Pour ma part, je croyais que je serais connu comme chanteur, car mon grand-père Fernand s'amusait à chantonner les grands airs des crooners du temps mais il fut autrement.

Elle me dit que je parlerais d'eux: les anges et les amis de la lumière. J'ai d'abord cru qu'elle était folle et j'ai bien failli m'étouffer avec mon bâton de « popsicle ». Je ne l'ai pas crue, mais elle m'expliqua alors que ce que je voyais, très peu de gens pouvaient le voir. Que mes yeux, en réalité, voyaient vraiment la réalité qu'ils voyaient. Que ce n'est pas tout le monde qui voyait ce que je voyais. Que j'étais un privilégié, un élu et que ma mission était de communiquer mon savoir et mon vécu. Quelle déception pour un enfant qui croyait devenir policier, pompier et fermier. De plus, ma mère venait d'accoucher d'une autre petite sœur tout à fait normale. J'aimais mes sœurs, mais je me sentais maintenant encore plus isolé. À ce moment, la ruelle est devenue si petite. Fini mon royaume, je suis devenu grand en l'espace d'une demi-heure d'un bel après-midi de mai.

Ma mère avait bien vu que quelque chose ne tournait pas rond et que son fils avait été piqué par une mouche qu'elle ne connaissait pas. J'étais de plus en plus solitaire et de plus en plus renfermé. J'imaginais un monde réel pour pouvoir m'évader de cette incompréhension de ma vie qui jusqu'à, aujourd'hui, j'avais cru des plus normale. Elle m'inscrivit chez les scouts pour me faire voir d'autres jeunes de mon âge…espérant ainsi me sortir le nez de mes bandes dessinées.

C'est là que j'ai commencé à fréquenter l'église et je suis même devenu servant de messe, au grand bonheur et à la grande fierté de mes grands-mères. L'église était devenue pour moi un refuge, car tout y était si tranquille. Les voix que j'entendais étaient si douces et elles ne me bousculaient pas. Pendant plusieurs années, ce fut, et ce l'est encore quelques fois aujourd'hui, mon refuge personnel. Je pouvais y passer des heures sans parler, juste à écouter le silence. Le prêtre de cette époque ne comprenait pas trop la raison de mes visites aussi fréquentes, mais il ne posait pas trop de questions. J'avais besoin de cette immersion dans ce silence, pas à cause de la religion mais pour la tranquillité des lieux et pour les rencontres de lumière qu'on y faisait.

À 13 ans, mes parents ont décidé de quitter Verdun pour la Rive-Sud de Montréal. Le changement ne fut pas facile, car pour un adolescent normal, la transition est déjà difficile. Se faire de nouveaux amis et faire sa place est déjà une tâche difficile alors imaginez pour un jeune homme comme moi, qui arrive dans une contrée rurale et qui ne connaît personne, à quel point cette étape fut difficile. J'ai essayé du mieux que j'ai pu de faire ma place. Je me suis tenu avec des jeunes plus vieux que moi, j'ai commencé à fumer la cigarette, je suis devenu un peu plus rebelle et tout ça juste pour être un peu normal.

Malheureusement, pour un jeune homme moyen de l'époque, la vie était très difficile car les seules images de la soi-disant réalité auxquelles j'étais confiné étaient une astrologue blonde que nous voyions à la télé.

Un jour, alors que ma mère allait rencontrer un médium avec une amie et mon père, elle entra dans son bureau et lui posa certaines questions me concernant. Le médium répondit à ma mère qu'il ne comprenait pas pourquoi celle-ci était venue le voir, car elle avait un fils qui était beaucoup plus fort que lui. Elle lui demanda alors de lui expliquer ce qui en était.

Le médium lui répondit que son fils n'est pas réellement son fils. Biologiquement oui, mais il est une très vieille âme ce qui faisait que plus tard, lorsqu'il serait en pleine possession de ses pouvoirs et de sa grande faculté, il travaillerait avec les êtres de lumière et avec les défunts.

Ma mère fut estomaquée d'entendre ces paroles. Après plusieurs rencontres avec des psychologues et des spécialistes de la santé mentale, cet homme venait de confirmer à ma mère la réalité de ce que son fils, c'est-à-dire moi, vivait.

Lorsque ma mère revint à la maison, elle expliqua ce qui venait de se passer à mon père.

Celle-ci prit plusieurs jours avant de m'expliquer ce que le médium lui avait révélé et lorsqu'elle le fit, ceci eut pour effet de semer la graine de la curiosité en moi. J'ai alors essayé de trouver tout ce qui concernait les médiums, les voyants et autres personnes qui travaillaient la réalité spirituelle. Comme Internet n'existait pas à cette époque, je dus lire plusieurs livres qui traitaient de différents sujets reliés à la croissance personnelle, à l'ésotérisme, aux fantômes et autres entités. Ces livres ne se trouvaient pas partout, je devais consulter plusieurs bibliothèques et certaines boutiques ésotériques afin de trouver les réponses que je cherchais.

Mes parents m'ont toujours encouragé dans ma recherche de vérité, et même dans mon apprentissage des facultés. Je pouvais enfin mettre des mots sur les vibrations que je percevais. Dès l'âge de 14 ans j'étais encouragé par mes amis et ma famille à continuer mes révélations en utilisant des outils tels que le tarot, les pierres et autres outils de croissance personnelle et divinatoire. J'ai même initié ma tante Diane qui, elle aussi, était plus sensitive et s'intéressait à ce que je vivais.

J'ai eu beau travailler avec tout cela, je faisais quand même face à un doute et beaucoup des questionnements demeuraient en moi. Pendant ces années, je communiquais toujours avec les entités présentes autour de moi, dont mon grand-père Fernand, qui était mort quelques années auparavant et qui avait été le premier décès proche de moi.

Malgré que j'aie fouillé dans toutes les boutiques ésotériques et de croissance personnelle et touché à ce milieu quelquefois un peu bizarre, suivi des cours pour développer les facultés que j'avais, que ce soit le tarot, la voyance, la sorcellerie... rien de tout cela n'était sérieux, car je vivais une réalité autre que celle que les gens croyaient mienne. Toute cette quête n'a fait qu'alimenter ma soif de découverte et de vérité. Je faisais toujours mes études personnelles, en les combinant avec mes facultés et j'accumulais différentes façons de faire et d'agir.

Le chant, la musique, la lecture, le Thaï chi et toujours mes bandes dessinées, étaient mes exutoires.

Les temps sont très difficiles pour un jeune homme qui arrive à la fin de l'adolescence, pris entre ses études et une volonté de vivre sa vie normalement, comme le font ses amis, avoir quelqu'un dans sa vie, assister à des soirées entre amis, avoir une vie quoi… Mais il en était autrement pour moi car j'entendais constamment ces voix qui me venaient d'ailleurs, ces entités qui me parlaient continuellement et qui m'empêchaient de dormir. Je n'en pouvais plus. Je n'avais pas demandé à vivre tout ça! J'ai essayé de rester droit et de ne pas laisser voir que tout ceci m'atteignait. J'aurais pu tomber dans l'enfer de la drogue ou dans l'alcool, mais j'ai préféré rester sobre, croyant que tout cela serait bien pire si j'avais les facultés affaiblies.

C'est à ce moment là que le trop-plein fit place à la grande noirceur et que ma vie cesse de me tenir à cœur. Les idées sombres étaient là, mon caractère avait radicalement changé, comme si je subissais une rébellion personnelle et tout cela dans la plus grande solitude qui fut. J'ai même commis l'irréparable…une tentative de suicide. Mais plutôt que de mourir, je n'ai fait que dormir pendant quelques jours. À mon réveil, personne n'avait remarqué ma détresse alors je me suis dit à quoi bon tout cela, je verrai bien où ma quête me mènera.

C'est à 19 ans que j'ai eu l'impulsion d'entreprendre un périple à Salem aux États-Unis, ville réputée pour sa sorcellerie et son côté mystique. J'avais vendu quelques objets personnels et fait quelques consultations pour pouvoir me payer ce voyage. J'étais loin de me douter qu'il serait autant révélateur pour moi.

Après quelques jours de visite de cimetières, de musées, de boutiques spécialisées, alors que j'entrais dans l'une de celles-ci, quelle ne fut pas ma surprise de découvrir enfin la vérité sur ce que j'étais, sur qui j'étais.

À peine entré dans la boutique, une dame me salua en me disant:

« bonjour Christian, tu es venu de loin pour chercher tes réponses, mais je crois que tu es à la bonne place. » J'étais estomaqué! Cette femme que je rencontrais pour la première fois qui portait le nom de Laurie n'avait appelé par mon prénom sans que je lui dise et je ne portais pas de cocarde indiquant « bonjour mon nom est Christian ».

Mon air abasourdi en disait probablement long sur ma surprise. Elle m'invita à m'asseoir et disparut derrière un grand rideau de velours noir. J'en profitai pour regarder autour de moi. J'étais entouré de livres, d'objets de culte et d'herbe suspendue afin de sécher. L'odeur qui envahissait la pièce était rassurante, un mélange d'encens d'église et de lavande.

Laurie revint avec deux grands verres d'eau et me dit : «tu es quelqu'un de spécial, tu es une très grande âme, tu as un don très rare. Seuls les grands que je connais sont accompagnés d'un ange comme le tien et j'ai beaucoup de respect pour elle.» Je lui demandai alors de qui elle parlait. Elle me répondit de l'ange qui t'accompagne, l'ange bleu, Damabiah. C'était la première fois qu'une personne me parlait d'elle celle que j'appelais ma deuxième mère, celle qui me suivait constamment depuis ma naissance. Elle me dit également: «tu seras quelqu'un de bien et la quête de vérité que tu poursuis est très honorable, mais ce n'est pas par toutes tes recherches que tu trouveras ta réponse. Elles sont toutes en toi et dans l'univers. N'oublie pas, mon ange, que ce n'est pas dans la mort que tu trouveras tes réponses mais bien dans la vie qu'il y a au-delà de cette mort. »

Les larmes de joie coulaient sur mes joues et je ne pouvais les cacher. Ça répondait aux nombreuses questions que je me posais mais surtout, je recevais la confirmation que j'étais tout à fait normal, avec cependant un petit bonus. Nous avons longuement discuté et j'en ai plus appris sur moi-même que depuis bien longtemps. Le voyage de retour fut très léger.

Je savais maintenant quelle était ma destinée, ma mission. Tout ce que je ne savais pas, c'était comment je devais y parvenir.

J'ai également eu la chance, au début de mon âge d'adulte, de rencontrer feu le père Paul Smith, un prêtre catholique païen qui m'enseigna tout ce que je devais savoir des rituels afin de procéder à des exorcismes et des dépossessions. J'avais rencontré le père Paul dans une église de Montréal. Ces enseignements étaient généralement réservés aux prêtres seulement mais il avait vu en moi un potentiel incroyable. J'en ai profité pour faire mes études en psychologie et en parapsychologie pour lesquelles j'ai obtenu des maîtrises.

J'ai également suivi des cours en coiffure et d'autres enseignements pour lesquels j'ai été diplômé, et qui m'ont apporté de nouvelles connaissances, ce qui m'a permis de voyager un peu partout au Québec, en Amérique du nord et partout dans le monde.

Ma vie allait alors relativement bien. J'ai occupé plusieurs emplois, souvent pour survivre et je me suis parfois fait piéger par des gens qui ne comprenaient pas toujours qui j'étais vraiment. Pour me faire accepter, je devais vivre dans une vie quelque peu inventée afin de pouvoir, moi aussi, avoir droit à des sentiments humains malgré cette grande solitude. J'ai fait quelques erreurs humaines, j'ai souffert malgré moi, et j'ai blessé quelques personnes aussi. Il y a certaines choses que je regrette encore aujourd'hui mais la vie m'a mené ailleurs.

C'est après une période où la vie m'a quand même apporté un peu de bonheur que j'ai dû affronter un autre grand démon de ma vie : le cancer. Après le diagnostic du médecin, cancer de Hotchkin (cancer de la chaîne ganglionnaire), je croyais que le monde allait s'arrêter de tourner mais je devais vivre cette autre étape à laquelle j'ai survécu. Je ne voulais pas attirer la sympathie des gens et j'ai vécu cette étape difficile entouré des miens. Il s'agit d'une étape difficile et plusieurs n'en reviennent jamais.

Au début je me suis demandé pourquoi ça m'arrivait? Pourquoi Dieu m'avait-il donné cette maladie? Pourquoi? Jusqu'à ce que Damabiah m'explique que Dieu n'avait aucun lien avec cette maladie mais que l'homme l'avait inventée et qu'il appartenait à l'homme de l'éliminer. Ce fut une époque difficile car je voulais vivre cette maladie avec moi-même. Je n'en parlais pas. Plusieurs membres de ma propre famille n'ont même jamais su tout le parcours que j'ai suivi. Quelques amis (es) proches m'ont accompagné dans mon combat contre ce démon.

Tout au long du processus, je m'efforçais de garder tout ça pour moi et de passer à autre chose, de mettre ce monde de lumière de côté et de penser uniquement à moi, l'humain. Après quelque temps et 2 essais tout entra dans l'ordre et je me devais maintenant de continuer ce combat. J'ai réussi avec la conviction que la vie pouvait m'apporter encore plus de belles choses et que j'étais maître de ma propre vie. Je devais continuer d'enseigner, de partager et de répandre les vérités de ce monde afin que plus de gens puissent ne pas demeurer dans le doute ou la noirceur de la mort.

À 29 ans, j'ai vécu l'étape la plus difficile de ma vie, la mort de ma mère des suites du cancer. Une étape très difficile car moi, je l'avais vaincu le cancer un peu avant, et où j'ai dû mettre en pratique toutes les connaissances que j'avais récoltées jusqu'à maintenant afin de vivre ce deuil. Il est certain que plusieurs me disaient qu'il était facile pour moi de faire ce deuil car je pourrais toujours la voir et toujours rester en contact avec elle. Certes mais même si cette possibilité est véridique, la mort de ma mère, je la vis continuellement ce qui fait que le deuil ne se termine jamais.

J'ai grandi de cette étape et ce qui m'a fait le plus de bien c'est que par mes facultés, j'ai pu aider ma famille et les proches de ma mère à faire cette transition peut-être plus facilement .J'ai également renoué le lien familial avec mon père, pas parce qu'il n'était pas présent dans ma vie mais disons que nous étions éloignés émotionnellement.

Depuis ce temps, je pratique ma spécialité, la médiumnité innée. Mes facultés sont simples : la communication avec le non-vivant, le pouvoir de voir et de sentir le parcours passé, présent et futur des gens, de nettoyer et déposséder des maisons ou des lieux hantés, de défaire des entités ayant élu domicile chez des gens et d'apporter la vérité au plus grand nombre de gens possible.

Maintenant âgé de 36 ans, je suis devenu, suite aux belles histoires vécues avec des gens et par la reconnaissance publique, un médium consultant reconnu internationalement. Cela n'a pas toujours été facile. J'ai dû faire mes preuves et maintenant que je les ai faites, je continue ma quête de vérité afin de pouvoir l'apporter aux gens. J'ai même hérité de la réputation d'être «l'enfant terrible des médiums», à cause de mon côté marginal, de mes tatouages mais surtout de ma franchise et de ma façon de dire les choses toujours très directement.

J'ai parcouru le monde, toujours en quête de cette vérité, et j'ai livré mes messages par le biais de conférences, de consultations privées, d'émissions de télévision et ce, afin de faire connaître au plus grand nombre de personnes cette vérité tant espérée et cherchée.

J'ai la chance d'avoir une famille compréhensive, des amis sincères et aussi très compréhensifs car avec ma vie très chargée, les disponibilités se font un peu rares. Plusieurs me considèrent comme un ange, un être extraordinaire mais je demeure une personne très modeste et je considère toujours mon côté humain. J'ai eu la chance de travailler avec plusieurs célébrités de ce monde, hommes et femmes politiques, Monsieur et Madame tout le monde et des personnes affiliées à certains corps policiers, dont des enquêteurs, afin de les aider dans des recherches de personnes disparues, des crimes non résolus et de phénomènes paranormaux.

Aussi extraordinaire que puisse paraître ma vie, ma priorité est toujours de rester humble et humain.

Pendant mes rares moments de temps libres, j'aime m'entourer d'amis et proches que j'aime, jouer au golf, chanter et même donner du temps aux clubs optimistes qui travaillent pour la jeunesse, ce qui est une priorité pour moi. C'est un peu ma façon de rendre ce qui m'a été donné et d'aider, en quelque sorte, au meilleur développement de ce monde. Mon seul exutoire... la mer.

Mes origines acadiennes et madeliniennes font en sorte que mon seul élément de détente est la mer. Les Iles-de-la-Madeleine, mon petit coin de pays à moi, c'est mon paradis. Ce sont des gens comme moi, des gens simples, qui profitent de la vie et qui ont à cœur les valeurs humaines. Et que dire de la nature. C'est un petit joyau de mère nature au beau milieu de la mer et en plus, c'est au Québec. Je suis fier de mes origines. Mes ancêtres ont souffert lors de la déportation des acadiens mais la fierté de ce peuple est toujours là et résistera à jamais aux envahisseurs. C'est un peu de cette force que j'ai en moi afin de continuer cet apprentissage, cette quête de vérité.

Voilà, vous en connaissez un peu plus long sur moi. Il est vrai que je n'ai pas parlé de ma vie privée, mais comme le mot le dit, elle est privée. Je ne suis ni un ange ni un démon, mais bien un humain s'efforçant de remettre l'équilibre dans ce monde.

Chapitre 2

Histoire et culture de la mort

« Ce qui est effrayant dans la mort de l'être cher, ce n'est pas sa mort, c'est comment on en est consolé. »

Éric-Emmanuel Schmidt

Depuis que le monde est monde, la mort est encore aujourd'hui un sujet très tabou. Que ce soient des rituels funéraires ou les rites de la mort, nous sommes encore perplexes au sujet de cette fin, de ce passage obligé. Qu'elle soit positive ou négative, la mort est toujours un mystère et, lorsque nous y sommes confrontés personnellement, nous ne savons plus où nous diriger. Depuis que l'homme a compris la fin qu'est cette mort, les rituels funéraires entourant celle-ci sont pratique très courante. Vous verrez, dans un chapitre ultérieur, que les funérailles sont une étape cruciale du deuil, tant pour le défunt que pour les survivants.

Dans toutes les cultures du monde, religions et croyances, la vie après la mort, qu'on y croit ou pas, est présente. C'est un salut que l'on fait aux proches que nous avons aimés et qui nous ont quittés pour un autre monde dit meilleur. Pendant ma carrière, mes recherches m'ont permis d'en apprendre un peu plus sur cette mort et sur la vie qui s'ensuit. Mais avant de s'attarder à la vie après la mort, il est important de comprendre cette mort.

La préhistoire

C'est à la préhistoire que remontent les premiers récits historiques de rituels funéraires. À cette époque déjà l'homme pratiquait très tôt l'ensevelissement de ses défunts, confirmant ainsi la conscience qu'il avait perdu quelqu'un et qu'une forme de deuil s'établissait. Les plus anciennes sépultures actuellement connues datent du néanderthal il y a environ 80 000 ans.

À ce jour, les recherches n'ont pas révélé l'existence de tombes isolées dans les périodes antérieures. On ne peut pas en déduire pour autant que les hommes préhistoriques ne vivaient pas de rituels funéraires mais malheureusement, la science ne nous permet pas d'établir ces faits. Les corps des défunts n'étaient pas abandonnés sur le sol. Les néanderthaliens pratiquaient l'inhumation en pleine terre afin de dissimuler les restes mortels à la vue des survivants et à la convoitise des animaux nécrophages, ce qui veut dire des animaux mangeant les restes de cadavres qu'ils soient d'animaux ou d'humains.

Ils creusaient des fosses et ils enterraient leurs morts sous des pierres plates et déposaient à côté d'eux armes, outils et aliments. Déjà les néandertaliens croyaient qu'il y avait une vie après la mort.

Il y a environ 30 000 ans, à l'époque du néolithique, les inhumations commencèrent à prendre une certaine forme de rituels funéraires. On retrouvait, sur les places, des sépultures, des ossements disposés de façon à représenter la vie du défunt ainsi que des dessins préhistoriques faits sur la pierre et relatant la mort du défunt. On retrouvait également souvent des fleurs auprès de ces sépultures et ce, en signe de vie pour les vivants. On ne sait pas si ces pratiques étaient généralisées ou réservées seulement à une « classe sociale » privilégiée. À l'ère paléolithique, les homos sapiens honorent leurs défunts en effectuant des rites funéraires tels que : aligner les squelettes dans le sens est- ouest en prenant soin de tourner les visages vers la direction du soleil levant. On y trouve même des fosses communes où l'on a trouvé les restes de cadavres de 2,3 personnes. On y a même retrouvé des forces familiales où l'on a découvert les squelettes d'une vingtaine de personnes dans une seule tombe.

La structure des tombes évolue également c'est à dire l'époque où nous retrouvons la pierre, dédale de calcaire posée tout autour de la tête pour abriter le corps des défunts inhumés, des os de dinosaures ou de mammouths comme ornements et des fleurs qui ornent également les sépultures.

À l'intérieur de la fosse, on retrouvait beaucoup d'objets divers qui étaient inhumés avec les corps : ossements travaillés, coquillages perforés, perles, bracelets, colliers, armes et figurines diverses. Les corps de ceux ayant un rang social plus élevé portaient des bonnets de perles d'ivoire ornés de dents et étaient souvent recouverts d'ocre rouge.

Nous avons retrouvé plus tard d'autres modes de sépultures et de rituels funéraires. Les morts étaient ensevelis dans des caveaux funéraires et étaient recouverts de dolmens ou de tables faites à partir de pierres et de calcaire. On y retrouvait ces sépultures rassemblées dans des sites qui étaient un peu l'ancêtre de nos cimetières actuels. Par la suite on a assisté à l'apparition de hautes pierres en un seul bloc érigées verticalement où figuraient des dessins relatant la mort du défunt. C'est également à cette époque qu'on voit apparaître les premiers rites de la crémation. Nous ne pouvons pas dire si c'était pour des raisons religieuses ou hygiéniques mais les cendres et les restes des corps étaient aussi mis en terre.

Nous voyons que même à cette époque, l'homme croyait en la vie après la mort. Ces rituels témoignent du respect de l'homme envers la mort et ses défunts. Le deuil, même il y a 80 000 ans, était déjà chose courante de la vie des gens. Ils avaient besoin de vivre les sentiments, la tristesse, la compassion et leur assentiment envers cette mort et les disparus.

Photo ci-dessus : Dolmen préhistorique où on déposait les morts.

Photo ci-dessus : inhumation préhistorique

Photo ci-dessus : fresque de la mort retrouvé dans les grottes étapes néanderthal

Cimetière de l'époque néanderthal dont les corps ont été retrouvés dans leurs positions funéraires, allongés et têtes vers le soleil.

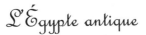

L'Égypte antique

Les égyptiens croyaient à la vie après la mort. Ils croyaient surtout à cette vie éternelle, suite la mort. Ils se basaient sur des faits qu'ils observaient dans la vie de tous les jours. Ils avaient remarqué que le soleil tombait toujours à l'ouest et revivait le lendemain matin à l'est, que la lune croissait et décroissait chaque mois, que les grains mis en terre apportaient une nouvelle vie par les plantes qu'ils faisaient jaillir. Ils étaient certains qu'il y avait toujours une vie après une mort mais que tout était une question d'équilibre. Un équilibre parfait comportant plusieurs conditions. Les premières sépultures égyptiennes nous montrent que le corps était placé en position fœtale dans une fosse qu'on avait pris soin de remplir avec les objets personnels du défunt : bijoux, poteries, parchemins avec hiéroglyphes relatant la vie du défunt. On recouvrait la fosse de sable, ce qui avait pour but d'absorber l'humidité du corps afin de le préserver. Par la suite, les égyptiens ont décidé d'améliorer ces rites funéraires. Les défunts étaient souvent enveloppés dans des peaux d'animaux ou déposés dans des cercueils de poterie ou de bois.

On recouvrait les parois de la fosse avec des briques faites de boue et on a ajouté une paroi qui servait de plafond à la structure de la sépulture. Malheureusement, cette technique avait pour effet d'accélérer la décomposition du corps. Le corps n'était plus en contact avec le sable chaud ce qui causait des problèmes de putréfaction et de décomposition accélérées. Pour résoudre le problème, les égyptiens commencèrent à retirer les organes vitaux et à les déposer dans des jarres funéraires et à utiliser des agents desséchant pour momifier les corps.

Les anciens écrits égyptiens relatent que la première étape pour la vie après la mort d'un homme ou d'une femme devait commencer par la momification. Le corps momifié était placé dans une tombe où l'on avait pris soin de déposer tout ce qui était nécessaire à une vie dans l'au-delà. Les textes anciens stipulaient également que la vie après la mort était une grâce du dieu Osiris, dieu des morts.

À sa mort, Osiris reçut des dieux leurs larmes qui se transformèrent en matière pour momifier son corps notamment de l'encens, des résines, du miel et de l'ambre.

La momification telle que nous la connaissons remonte à 2400 avant Jésus-Christ. À cette époque, les Égyptiens croyaient que seulement les pharaons pouvaient atteindre l'immortalité et avaient accès à la vie après la mort. Cette croyance évolua rapidement, car autour de 2000 avant Jésus-Christ, l'immortalité était accessible à chacun et tous pouvaient avoir accès à la momification et être placés dans la sépulture qui lui était faite. La momification était très coûteuse et seulement les riches pouvaient se la permettre. Elle n'était pas essentielle à la vie après la mort et la résurrection dans l'autre monde mais c'était hautement souhaitable pour atteindre les hauts niveaux de conscience élevée. On utilisait le livre des morts afin d'aider les âmes défuntes à passer dans la vie éternelle.

L'art de la momification est un processus très complexe. Il nous a été décrit par l'historien grec Hérodote vers 450 avant Jésus-Christ. « D'abord, à l'aide d'un crochet de fer, on extrait par les narines le plus de cerveau possible et ce que le crochet ne peut atteindre est dissout avec des drogues. Ensuite, on fait une incision le long du flanc et on retire tout l'intérieur de l'abdomen. La cavité est ensuite nettoyée et lavée. Puis elle est remplie de myrrhe pure broyée, de cannelle et de tout autre aromate à l'exception de l'encens. L'incision est ensuite recousue, puis ils laissent le corps entièrement plongé dans du natron, un désinfectant et un agent asséchant, composé de sel et de bicarbonate de soude et ce durant soixante-dix jours maximum.

Par la suite, le corps est lavé, et on remplit l'intérieur avec du natron sec, de la boue du Nil, des sciures de bois, du lichen et des bouts de tissu pour rendre le corps plus souple. On utilisait parfois de petits oignons et des tampons de lin pour remplir les cavités des yeux.

Par la suite, le corps est enveloppé de la tête aux pieds de bandelettes de lin dont l'envers a été recouvert d'une couche de gomme, couramment utilisée par les égyptiens au lieu de la colle. Les organes internes étaient par la suite lavés avec du vin et des épices et placés séparément dans des canopes en calcaire ou en argile. Le corps était ensuite enveloppé dans plusieurs couches de lin, parfois même jusqu'à 35 à 40 couches dans le cas de royauté et de pharaon. Il était ensuite plongé dans des huiles et de la résine. La peau du corps prenant alors une teinte noire se préservait.

C'est à partir du moyen empire qu'on décida de placer un masque sur le visage du défunt. La majorité de ces masques étaient en cartonnage. C'est un alliage de papyrus ou de lin recouvert d'un enduit de plâtre ou de boue mais on utilisait également le bois et, dans le cas de pharaons ou de royautés, on utilisait aussi l'argent et l'or. Le masque le plus célèbre est celui de Toutankhamon.

Les égyptiens momifiaient des êtres humains et des millions d'animaux quelle qu'en soit la sorte ou la race. De nombreuses espèces étaient élevées dans les temples pour être sacrifiées aux dieux. Les chats étaient très nombreux dans l'Égypte ancienne. Ils détruisaient les rats et les souris. Des autopsies pratiquées sur des chats ont révélé que la plupart avaient eu le cou brisé alors qu'ils avaient environ deux ans. On les momifiait et on les déposait dans les tombeaux pour faire également fuir le mauvais œil, les esprits maléfiques ou les êtres sans scrupule voulant essayer de piller les tombeaux. La pratique de la momification connut son apogée au cours des XIe et XIIe siècles avant Jésus Christ. À Thèbes, là où s'élèvent actuellement les villes de Louxor et de Karnak, la momification avait pour objet de préserver l'intégrité du corps pour qu'il puisse accéder à une vie spirituelle après la mort, soit la vie après la mort. On nous a aussi souvent présenté les dieux égyptiens sous toutes leurs formes.

Celui qui était associé à la mort est Anubis. Représenté comme un homme avec une tête de chacal, il est celui à qui le défunt adressait ses prières pour accéder à la vie après la mort. Il est le gardien et le guide des défunts.

On retrouve un peu partout en Égypte, à l'entrée des tombeaux, deux statues d'Anubis allongées face à face faisant ainsi une barrière contre les forces du mal cherchant à perturber le repos éternel du défunt. Il est le guide qui conduit le défunt dans le royaume des morts. Il est le gardien de la porte de ce royaume et on le voit souvent représenté avec une clé à la main ou un collier fixé à son cou. Les égyptiens avaient une confiance en leur dieu Anubis. De leur vivant, ceux-ci faisaient souvent offrande d'animaux en sacrifice pour obtenir la protection d'Anubis.

On ornait souvent les tombeaux de fresques magnifiques avec des hiéroglyphes relatant la vie des défunts. Les grands tombeaux funéraires ont appartenu à la royauté et aux pharaons. Les égyptiens croyaient que leurs rois ou reines se relèveraient du royaume des morts et continueraient de vivre et de veiller sur eux du haut des cieux. Les rituels funéraires étaient omniprésents dans la vie des égyptiens. La mort était pour eux un passage, une étape à franchir avant d'obtenir cette vie éternelle. Aujourd'hui lorsque nous regardons les tombeaux de cette Égypte, nous comprenons que les rites funéraires servaient au salut de l'âme mais également à donner tout ce dont le défunt aurait besoin pour sa vie secondaire afin qu'il puisse veiller sur eux et les protéger ainsi que leurs âmes.

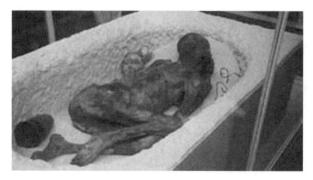

Sépulture égyptienne datant du début du règne égyptien.

Papyrus illustrant la momification et ses étapes.

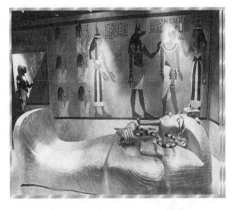

Fresque illustrant l'art de la momification   Chambre funéraire avec sarcophage

Canopes contenant les organes du défunt   Dieu Anubis, gardien du royaume des morts

Le moyen âge

Au Moyen Âge, les pratiques funéraires sont de plus en plus reliées à un processus de christianisation. En effet l'Église catholique prend de plus en plus en charge les rites funéraires, les funérailles, l'accompagnement du défunt, etc. En effet, la montée du catholicisme est vertigineuse. Selon « le traité des soins dus aux morts » d'Augustin, en 421 après Jésus-Christ, il est dit qu'il n'y a que trois manières de sauver l'âme d'un défunt: prier, célébrer l'eucharistie et faire l'aumône à l'intention du défunt. Ces pratiques, selon plusieurs personnes, ne servent qu'à soulager les vivants et ne sont aucunement efficaces pour effacer les péchés de la personne décédée. L'église fait alors preuve de tolérance et accepte que les gens déposent des objets personnels du défunt dans les sépultures chrétiennes. C'est autour du 9e siècle que les prêtres désignèrent leurs rôles essentiels soient de donner l'onction et la communion avant la mort, ce qu'on appelle aujourd'hui les derniers sacrements.

Par contre ceux-ci exigèrent également que le défunt ou la défunte se confesse de ses péchés avant d'être admis aux portes du ciel. Les rituels chrétiens sont de plus en plus présents après l'inhumation des défunts. Des messes doivent être dites le 3e, le 7e et le 30e jour suivant l'enterrement ainsi qu'aux anniversaires du défunt. C'est vers 1030 après Jésus-Christ que l'évêque Odilon de Cluny instaura la faille universelle des morts le 2 novembre soit le lendemain de la Toussaint et non le 1er novembre comme nous le croyons.

À cette époque, les conditions n'étaient pas excellentes pour tous. L'hygiène, tant personnelle que publique, laissaient beaucoup à désirer. Nous retrouvions également deux classes sociales : les riches et les pauvres. Il n'y avait pas de demi-mesure. On assistait alors à cette époque à la naissance des cimetières chrétiens tels que nous les connaissons aujourd'hui. Mais attention, seuls les plus riches de ce monde pouvaient profiter des rituels de mort et des funérailles.

Pour les moins fortunés, les soins du corps du défunt demeuraient la responsabilité de la famille. Les hommes avaient droit à des funérailles mais les femmes n'avaient droit qu'à des veillées familiales.

La veillée funèbre consistait à veiller sur le corps du défunt ou de la défunte dans sa maison, en chantant et en dansant. Cette pratique était très mal vue par l'église car selon elle, son aspect convivial entrait directement en contradiction avec la gravité de l'événement. Seuls les anniversaires des saints pouvaient être l'occasion de fêtes et de réjouissances entourant la mort et seule la prière pouvait aider la mort du simple fidèle. C'est également à cette époque que l'Église adopta une loi stipulant qu'aucun corps ne pouvait être inhumé nu. Le corps du défunt devait obligatoirement porter des vêtements.

L'église ayant commis plusieurs bévues s'est désintéressée et s'est retirée des législations relatives aux tombes. C'est pourquoi on trouve encore des tombeaux du 7e siècle très riches car l'aristocratie se faisait enterrer avec les vêtements les plus riches et somptueux ainsi que leurs richesses et de nombreux objets ayant appartenu au défunt.

De même, les sarcophages de pierre ou de plâtre sont remplacés par des sépultures plus sobres en pleine terre ou en bois. C'est à cette époque que nous assistons à l'apparition des cimetières auprès des églises car la sépulture extrême était d'être inhumé à l'intérieur ou à proximité d'une église. Les chrétiens les plus riches de la société, dont l'aristocratie et la monarchie, croyaient ce que les prêtres disaient : le salut de leurs âmes serait garanti s'ils léguaient une partie de leur richesse à l'Église. Autour du 10e siècle, les cimetières ont subi des changements majeurs.

L'organisation de celui-ci était très complexe. On devait garder un espace pour les enfants de moins de 7 ans, enfants morts sans baptême, pour les malades, pour les étrangers, pour les familles, etc.

l'Église s'appropriait progressivement le droit de décider si le défunt pouvait ou non reposer dans un cimetière. Si le chrétien avait été un bon fidèle, qu'il avait payé son aumône, il serait admis. Mais si celui-ci avait omis de baptiser un de ses enfants ou de payer son dû à l'église, il ne serait pas admis au cimetière. C'est pourquoi nous avons trouvé, en bordure des villages, plusieurs sépultures isolées que nous avons appelées les morts oubliés.

Il était hors de question de parler de vie après la mort pendant cette époque. Pourtant, les récits bibliques relatent plusieurs épisodes où l'on peut lire entre les lignes des passages relatant des faits de cette vie après la mort : le Christ ressuscité des morts, nous renaîtrons d'entre les morts afin d'atteindre la vie éternelle, qui renaîtra entre les cendres, etc. Il était alors illégal de parler de vie après la mort. Toute personne qui osait passer outre en parlant de ceci serait mise à mort par pendaison. L'église terrorisait alors les chrétiens en leur faisant croire que leurs âmes iraient tout droit en enfer s'ils ne respectaient pas les décisions de l'Eglise. Un fait assez intéressant nous permet de douter du sérieux de l'homme de religion à l'époque. En 1431, l'Église ordonna la mise à mort d'une femme qui disait entendre des voix. Jeanne d'Arc fut brûlée vive par condamnation de l'Église. Fait étrange elle fut canonisée en 1909. À vous de juger.

Croquis illustrant les porteurs avec le tombeau princier (fin des année 1080) par Lenepveu (1819-1898)

Mort de Jeanne d'Arc

Les années 1500 à 1850

C'est au cours de ces grandes années que les rituels funéraires personnels perdirent de leur ampleur. L'Église catholique, omniprésente dans la vie des gens, s'était appropriée les rituels funéraires et elle seule décidait de ce qui était bon ou pas. Les funérailles étaient pour les riches car la pauvreté était très présente à cette époque. C'est à l'arrière de la Nouvelle-France que les rites funéraires prirent leur ampleur ici au Québec. Les conditions d'hygiène des villages étaient exécrables. Les maladies telles que le scorbut ou la peste laissaient d'innombrables corps non réclamés parce que sans famille ou sans argent. On assistait alors à la naissance des fosses communes, des sans identité. On creusait une grande fosse loin du village et tous ceux qui étaient décédés des suites de ces maladies et qui étaient pauvres et laissés à eux-mêmes étaient jetés dans cette fosse où l'on enterrait des dizaines de corps. On mettait les corps dans de grands sacs de toile et on les jetait dans la fosse que l'on recouvrait de chaux pour empêcher les odeurs de putréfaction de parvenir jusqu'au village. Une petite plaque en bois fixée sur une croix était la seule identification de la sépulture. On y inscrivait une prière demandant à Dieu de recueillir ces âmes déchues.

Un peu plus tard, on vit l'arrivée des cercueils de bois. Il appartenait à la famille de faire fabriquer ces cercueils. Les frais encourus pour les funérailles étaient exorbitants et comme l'espérance de vie n'était pas élevée, les familles n'avaient souvent pas les moyens de s'offrir des funérailles. Ils enterraient simplement les corps sur leur terrain résidentiel. Par contre, les seigneurs, les ducs et les grands de la monarchie et de l'aristocratie avaient droit à des funérailles majestueuses. Fait étrange, lorsque c'était un prêtre ou mieux un évêque, on ne calculait pas les frais car ils seraient assumés par le diocèse ou par le seigneur de la seigneurie.

C'est à cette époque également que nous assistons à la grande chasse aux sorcières.

Le clergé ordonna que toute personne suspectée de pratiquer toute forme de sorcellerie, incluant la guérison par les plantes, qui ne se conformait pas aux lois de l'Église soit arrêtée et condamnée à mort par crémation publique. Ce que j'entends ici, c'est bien de brûler vif les condamnés sur la place publique. On estime à au-delà de 200 000 hommes et femmes tués par ordonnance du clergé. Comme vous le voyez, l'Église était très puissante et s'appropriait les rites funéraires et tout ce qui tournait autour de la question : funérailles, cimetière, lois et règles entourant la mort.

Il était hors de question pour un fidèle de croire à une vie après la mort puisque l'Église condamnait les gens qui croyaient à autre chose qu'aux écrits religieux. C'est vers la fin des années 1700 que les gens eurent cette remontée de la croyance religieuse alors que tout était orienté vers l'Église. À l'époque, lorsqu'il y avait un décès, on construisait des chariots funéraires en bois ornés de statues gravées, de nombreuses fleurs, d'artefacts religieux, qu'on attelait à des chevaux et que l'on paradait à travers le village. Ces chariots étaient des donations à l'Église et servaient généralement aux grandes funérailles. Comme les funérailles n'étaient pas accessibles à tout le monde, on assistait alors à une augmentation des cimetières non classés. Souvent, un cultivateur ou le propriétaire d'une terre offrait, moyennant un moindre coût, une partie de cette terre pour permettre aux moins riches de pouvoir s'offrir des sépultures funèbres décentes. L'Église condamna aussitôt cette pratique mais il était du droit des gens d'enterrer leurs défunts à cet endroit puisqu'ils n'avaient pas l'argent nécessaire pour le faire dans les cimetières chrétiens.

Autour des années 1805, il y a une répression. Les petits villages se sont retournés contre le clergé et ont décidé de piller les tombes religieuses, de saccager les cimetières chrétiens et même d'exhumer certains corps des fosses familiales. C'est ce que nous avons appelé« le grand massacre ». Le clergé ordonna l'adoption d'une loi qui stipulait que toute personne commettant un acte de vandalisme, de vol, de pillage, ou de saccage des cimetières serait poursuivie par la loi.

C'est alors que l'Église, pour protéger ses morts et ses cimetières, commença à entourer ceux-ci de grandes clôtures ou de palissades et à construire des caveaux en pierre, en marbre et en fer. Ces caveaux étaient destinés à des familles voulant protéger leurs sépultures et leurs défunts. Ce n'est qu'autour des années 1850 que l'on assista à la naissance des portes de fer scellées.

La foi des fidèles était ce qu'il y avait plus de précieux pour eux. L'Église prônait le paradis éternel, la paix et le salut des âmes lorsque ceux-ci se confondaient aux demandes de l'Église. On marquait d'une croix toutes les sépultures et pierres tombales de ceux qui avaient été de bons chrétiens. Pour celles qui n'avaient pas été marquées, les familles faisaient des crucifix en bois en guise de pierres tombales.

Funérailles des victimes du 26 février 1848 après les grandes émeutes en France

Cimetière du Séminaire en 1863 au Québec

De 1850 à aujourd'hui

Pendant plus de 100 ans, les coutumes et les rites funéraires ont évolué avec les gens. L'Église était encore très puissante et ce, jusqu'en 1950. Autour de 1875, on assista à la naissance des «croque-morts». L'Église n'était plus responsable des morts. La commercialisation de la mort est devenue chose courante. Ces embaumeurs et les entrepreneurs de pompes funèbres commencèrent à être de plus en plus présents dans nos vies. Le mot « croque-morts » ne vient pas de la légende urbaine qui disait que celui-ci était une personne chargée de mordre l'orteil des défunts pour s'assurer qu'ils étaient bel et bien morts mais bien d'une expression du XIVe siècle.

En Europe, lors des grandes épidémies de peste, les cadavres des morts étaient si contagieux que les gens qui ramassaient les cadavres utilisaient des outils ressemblant à des crocs pour les rassembler et les incinérer. À cause des dialectes différents, le mot «crocs » s'est transformé en « croque » et on disait que ces gens « croquaient » les morts. Les rituels de mort tels que nous les connaissons aujourd'hui commencèrent peu à peu à se diversifier. Les chars funèbres ont fait place au corbillard. La mort était maintenant accessible à Monsieur et Madame tout le monde. Les cimetières chrétiens et catholiques étaient encore très convoités mais comme l'Église commençait à avoir des branches différentes du catholicisme romain, on assistait également à la naissance de cimetières protestants, baptistes et même des cimetières non catholiques.

Entre 1900 et 1965, la montée du mouvement « New Age » a amené une autre dimension à la mort. Les gens commençaient à croire à une autre version de la vie éternelle. Les gens commencèrent également à croire à différents mythes de la vie après la mort. Le mouvement ésotérique tel que nous le connaissons aujourd'hui a fait son apparition en 1970.

Dès le début de ce mouvement, plusieurs adeptes se dissocièrent des récits bibliques et commencèrent à s'intéresser à une réalité de la croissance spirituelle. Le grand problème ne fut pas l'Église mais bien des adeptes malveillants qui commencèrent à recruter des membres afin de parvenir à de soi-disant nouvelles religions. On assistait alors à la naissance de plusieurs sectes ou « nouvelles religions ».

Entourant les principes de la vie après la mort, ces gourous déterminèrent que l'Église n'avait plus sa place dans la mort. Ce nouveau mouvement fit beaucoup de tort à l'Église catholique qui tenta de se sauver des eaux en essayant de garder les fidèles dans les murs de l'Église. L'Église catholique ne s'en est jamais remise et encore aujourd'hui, plusieurs personnes ont le doute quant à la foi. Il ne faut pas jeter la pierre au clergé. Ceux-ci, comme la plupart des chefs de religions, essaient de rassembler le plus de fidèles possible. Mais aujourd'hui, même l'Église catholique au Québec a évolué. Les fidèles ne dénigrent pas les autres religions et plusieurs ont toujours la foi. Je suis un de ceux-là. Par contre, même cette foi a évolué. Aujourd'hui les fidèles comprennent que Dieu est omniprésent et partout à la fois. De plus en plus les gens retournent dans les églises mais non pas pour les discours qui s'y tiennent mais pour leur foi personnelle.

Les rites et les mœurs funéraires aussi ont évolué. L'incinération est devenue coutume depuis 1970. Les funérailles également ont beaucoup changé depuis. Auparavant il était coutume d'exposer les défunts à tombe ouverte pendant 3 jours et même souvent aux maisons des défunts. Aujourd'hui les gens optent pour une exposition d'une journée ou tout simplement un recueillement autour de l'urne funéraire ou de la tombe fermée. Pour les âmes des défunts, une exposition ou non ne les empêche pas de trouver la lumière et la paix. Par contre, plusieurs ressentent le besoin d'exposer la personne pour un dernier hommage. Il est important de respecter les dernières volontés du défunt.

Que vous choisissiez l'inhumation, la crémation ou toute autre forme de rituel funéraire, l'important c'est le respect que vous apportez à la personne qui a quitté ce monde. Pour le défunt, l'important est de voir ce passage que sont les funérailles et pas seulement comment celui-ci se déroulera.

Plusieurs me demandent si le fait de choisir entre l'inhumation ou l'incinération peut déranger les âmes et même pour ceux ayant choisi l'incinération, de diviser ou répandre les cendres. L'âme du ou de la défunte n'est aucunement reliée à son corps physique, même après l'avoir quitté. De diviser les cendres d'un défunt ne divise en rien son âme et ne lui cause aucun problème. Encore là, tout encore est une question de respect. Que vous choisissiez un cercueil, une urne, ou même un sarcophage, l'important c'est la dignité avec laquelle le départ du défunt ou la défunte sera célébré.

Pour ce qui est de disperser les cendres du défunt dans la mer, le vent ou chez-lui, présentement au Québec, il n'y a aucune loi qui interdit de répandre les cendres d'un défunt. Mais le gouvernement proposera très bientôt de modifier la loi funéraire de 1974 qui tolérait les différents coutumes et rituels entourant la mort. Le fait ironique de modifier cette loi vient des entreprises funéraires qui se disent outrées que les gens apportent avec eux les urnes funéraires de leurs défunts au lieu de les disposer dans un columbarium ou dans un cimetière et que les cendres d'un défunt aient les mêmes droits que le corps d'un défunt qui est inhumé. En France, cette loi existe déjà et il est interdit de garder les cendres d'un défunt dans une résidence privée. Assisterons-nous à une reprise du contrôle de la mort mais cette fois-ci par les entrepreneurs de pompes funèbres et non par l'Église?

Cimetière Notre-Dame-des-Neige, Montréal, Québec 1950

Grottes de Lourdes, Cimetière Notre-Dame-des-Neige, Montréal, Québec 1950
Fabrique de la paroisse Notre-Dame de Montréal, Héritage Montréal

Cimetière Notre-Dame-des-Neige, Montréal, Québec 2010

Évolution du cercueil de 1925 à 1995

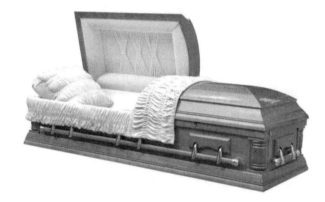

Évolution des urnes funéraires 1915 à aujourd'hui

Chapitre 3

Le deuil

« Il n'y a qu'une liberté, et son nom sera toujours écrit avec les lettres du sacrifice et du deuil. »

Hafid Aggoune

Il y a plusieurs écoles d'idées sur le deuil. Plusieurs personnes croient que le deuil est une invention, une phase que le cerveau permet d'oublier les gens avec qui nous avons vécu. Que celui-ci efface les informations, les images, et même les sentiments que nous avions à l'égard de nos défunts. Plusieurs psychiatres, psychologue et même des praticiens de la santé mentale affirment que le deuil doit être vécu dans un court moment. Par le passé, j'ai rencontré un éminent psychiatre en Europe, qui affirmait qu'après un an de deuil, si la personne n'avait pas évolué de son deuil, il lui administrait des antidépresseurs. J'ai été outré de ce comportement. Le deuil est une étape cruciale de la vie. Le deuil qui stipule une acceptation d'une fin. Il peut être associé à un deuil physique, à la perte d'un emploi, à la perte d'un être cher, un divorce, ou toute autre terminaison de vie.

En plus d'être vitale, l'acceptation du deuil permet aux gens de passer plus facilement cette dure étape. En aucun cas, quelqu'un ne peut prédire la durée dans le deuil. Pour quelqu'un ayant perdu un collègue de travail pour qui, ceux-ci avaient plus ou moins une certaine relation, le deuil sera de plus courte durée. Mais imaginez une mère, qui perd son enfant… Celle-ci portera le deuil toute sa vie. Il est certain qu'il y aura des passages plus positifs, mais selon la relation que nous avons avec le goût le défunt, ceci déterminera la durée du deuil. Il est important de comprendre que chaque personne vit le deuil différemment.

Prenez par exemple deux hommes ayant perdu chacun leur conjointe respective, aucun des deux ne vivra le deuil similairement à l'autre. Chacun vit son deuil à sa façon et en son temps.

C'est pourquoi lorsqu'une personne vit un deuil il est important d'insister cette personne et non de motiver le deuil, car celle-ci peut vivre différemment les mêmes émotions que vous vivriez.

Le deuil est quelque chose de bien réel. Il comporte sept étapes qui sont toutes aussi importantes les unes des autres. Plusieurs personnes ne font pas les étapes dans l'ordre. Ils peuvent sauter d'une étape à une autre sans problème, mais tout un chacun doit passer les sept étapes du deuil. Lorsqu'on parle de deuil physique, une personne chère qui nous a quittés, les étapes que nous passerons sont les mêmes que le défunt ou la défunte vivront après la mort.

Pendant ce chapitre, nous assisterons à un exemple fictif d'une femme prénommée Marie et de son mari Marcel. Celui-ci est à l'hôpital en soins palliatifs, car il est atteint d'un cancer du cerveau en phase terminale. Marie et ses enfants vont devoir passer au travers les sept étapes du deuil, qui soit dit en passant, vivront chacun des émotions différentes et des façons différentes de vivre ce deuil. Nous verrons plus tard ce que Marcel a à vivre, mais pour l'instant penchons-nous sur Marie et ses trois enfants : Brigitte, Éric et Sébastien.

**Notes : Il est à noter que l'exemple que nous vivons est basé sur des faits fictifs et des personnages fictifs afin de bien illustrer les étapes du deuil. Toute ressemblance avec des gens réels et des situations réelles n'est que purement involontaire. **

Première étape : le choc

La première étape du deuil est le choc. Toute personne ayant vécu la mort de quelqu'un se souvient de ce choc auquel elle a été confrontée. L'annonce de la mort est une chose très délicate. Plusieurs réactions au choc peuvent être perçues. Lors du choc, les muscles du corps se crispent, les nerfs deviennent tendus et les tremblements peuvent alors commencer. Chez certaines personnes, les facteurs physiques de l'étape du choc peuvent être contraire, exemple : la personne peut ressentir des jambes molles, un sentiment d'évanouissement et une perte du dialecte verbal. Généralement, il en est suivi d'un affaissement de la mâchoire comme pour signaler le choc. C'est à ce moment que le temps s'arrête. Je suis certain que présentement, vous pensez à vos propres deuils lorsque vous avez appris cette étape de choc. Nous vivons constamment de ces chocs de deuil, mais il est important de comprendre que ce moment, généralement de courte durée, est crucial.

L'étape du choc est généralement de courte durée, mais j'ai vu par le passé, déjà prendre plusieurs semaines voire des mois avant de pouvoir passer à la deuxième étape. Lors de l'étape du choc, les perceptions sont paralysées. Il est certain que le choc de l'annonce de la mort abrupte de quelqu'un est peut-être plus fort que celle d'une personne dont nous connaissions l'éventuel décès.

Prenons par exemple, Éric, le fils de Marcel, qui apprend le décès de son père via le téléphone et qu'il avait vu celui-ci quelque temps auparavant. Son choc sera plus grand. Comme nous ne sommes jamais réellement préparés et prêts à la mort, l'effet de surprise y est également pour cause. Le choc de cet homme sera probablement de plus longue durée que celui de Marie, la femme de Marcel qui a assisté aux derniers moments de son époux dans la mort. Par contre tous les deux doivent vivre cette étape, car il est impératif que cette étape soit vécue. Elle est la première de ce long parcours du deuil.

J'ai vu par le passé aussi des gens qui ont passé cette étape dans le désordre ou qui croyaient ne jamais avoir à passer par cette étape. Par exemple, une cliente à moi vint me voir un jour me disant qu'elle avait perdu son frère et qu'elle se trouvait ingrate de ne pas pleurer et de n'avoir aucune émotion quelconque. J'ai parlé avec elle pour enfin lui faire comprendre que le pourquoi qu'elle n'avait pas les émotions qu'elle disait ne pas avoir, c'est qu'elle les refoulait dans son inconscient. Qu'elle n'avait pas réalisé encore le choc, qu'elle était comme dans une phase où elle était comme absente de ses émotions et de la réalité de la mort de son frère. Je lui ai fait comprendre que celui-ci était bel et bien décédé et qu'il ne reviendrait pas, mais comme prévu, ses yeux étaient vides d'émotion.

Nous avons parlé de son frère et elle m'avouait ne pas lui avoir parlé depuis quelque temps dû à une petite chicane entre eux. Après avoir évalué la situation et compris la base de cette chicane, que ce n'était pas par manque d'amour, mais qu'elle avait refusée de le voir par envie et que son égo avait fait en sorte qu'elle le laissait faire les premiers pas pour ne pas avoir à s'excuser la première, elle avait perdu tout ce temps. Là, les larmes ont commencé et-elle est devenue en choc tout de suite. Le fait qu'elle refoulait en elle et dans son subconscient cette colère à laquelle elle n'apportait plus d'attention, l'empêchait de voir clair dans cette situation et par le fait même de voir clair dans le fait que son frère était décédé.

Il arrive parfois que des informations comme celles-ci peuvent bloquer le processus et du fait même, ralentir le processus de deuil. Tant et autant que nous ne voulons pas croire à cette réalité et que nous ne laissons pas de place à cette émotion, ce qu'on appelle « être en mode contre-attaque », nous ne pouvons avancer clairement et librement dans notre cheminement personnel de la mort.

Deuxième étape : la négation ou le déni

Lors de l'étape de la négation, il nous est impossible de comprendre rapidement ce qui vient de se passer. C'est le refus de croire l'information. Sont utilisés des arguments et la contestation. Le rejet de l'information fait place à une discussion personnelle intérieure ou/et extérieure. Il ne faut cependant pas croire que cette étape n'est pas importante au contraire. Le mécanisme normal de l'être, nie toute éventualité ou tout raisonnement qu'il ne comprend pas. La négation est tout à fait normale. Le mécanisme est si parfait que même chez un enfant d'à peu près un an, le mot « non » sera le premier mot que celui-ci dira. Lors de cette étape, une agitation au sein du système nerveux central se fait ressentir. Il y a également le refoulement de la peine qui surgit. Mais le cerveau confronte cette incompréhension. La respiration se fait plus rapidement, le rythme cardiaque s'accélère. C'est dans cette étape que nous essayons de nous persuader que ce n'est pas vrai. Les réactions diffèrent chez chaque individu. C'est là que des questionnements tout simples surgissent. Par exemple :

* « Non c'est impossible ! »

* « Ça ne se peut pas ! »

* « Je n'arrive pas à y croire ! »

Bien souvent, le silence est utilisé comme parole de négation. Comme les mots nous manquent, nous ne pouvons y mettre une sonorité, les larmes et le silence prennent place. Cette incompréhension peut être de courte ou de longue durée tout dépendant de la personne. En fait, nous ne voulons pas comprendre la réalité de ce qui vient de se passer. Il est normal de nier, mais aussitôt que nous comprendrons la véracité des faits, nous pourrons passer à la troisième étape.

Prenons le cas d'Éric. Il a appris la mort de son père via le téléphone, car il était à l'extérieur du pays pour affaires.

Son père Marcel est décédé à l'hôpital des suites de sa maladie quelques heures auparavant. Après le choc qui dura quelques jours, sa tête était remplie de questionnements. Il ne veut pas y croire, il lui avait parlé au téléphone quelques jours auparavant.

Dans ce cas-ci, la négation est très forte et peut même durer quelques jours et même quelques semaines. Marie, elle, ne peut pas croire que tout est allé si rapidement. Même si elle savait que Marcel ne survivrait pas à sa maladie, elle continuait d'espérer, comme si un miracle devait se produire ici sous ses yeux.

Elle se sent abandonnée, elle se refuse quand même de croire que son époux a quitté ce monde pour l'autre monde. Elle s'enferme dans cet état de déni, de négation. Elle va même, prendre certaines habitudes et comportements tels que mettre le couvert de Marcel à sa place habituelle, laisser la chambre et les objets de la personne intacte, sceller la pièce comme s'il était pour revenir en espérant se persuader que tout est là et que rien n'a changé.

Plusieurs personnes sont incapables suite à l'annonce du choc, de passer à une autre étape pendant un long moment. Ils essaient de se persuader que c'est irréel et que cette histoire n'est que le fruit de leur imagination et d'une forte incompréhension. J'ai vu des gens par le passé reprendre leurs activités normales de la vie courante le lendemain, comme si le mécanisme d'auto défense du cerveau lui disait « ce n'est pas vrai, tu te fais des histoires, ne passe pas du temps là-dessus tu vas perdre ton temps ».Il est important d'accepter cette négation, car elle fait partie prenante du processus du deuil. Comme nous ne pouvons pas comprendre la mort, il est de mise que nous la nions lorsqu'elle se fait sentir pour nous-mêmes. Une fois la négation acceptée, nous pouvons passer à la troisième étape du deuil.

Des questionnements et des affirmations font surface en nous tels que :

« Ce n'est pas juste, qu'est-ce que je vais devenir? »

« J'espère qu'il n'a pas souffert! »

« Tout s'est passé si vite, je ne comprends pas. »

Troisième étape : la dépression et la culpabilité

Dans cette étape du deuil, les questionnements refont surface et la culpabilité se fait sentir. La dépression suite au deuil est une des étapes les plus difficiles du deuil. J'ai vu dans mon cabinet plusieurs personnes qui, après plusieurs années, n'avaient toujours pas passé cette étape du deuil. C'est dans cette étape que les gens qui vivent le deuil ont besoin des autres autour d'eux, car la plupart d'entre eux vivent en premier la culpabilité. Le corps transpose une fatigue sans raison. Une démotivation flagrante, un manque d'énergie et les larmes qui coulent sans raison sont des «effets secondaires » de la dépression. À cette étape-ci, nous nous accusons et nous nous replions sur nous-mêmes. Plusieurs même, s'automutilent de façon psychologique ou physique. Souvent amener par des pulsions de vengeance, plusieurs personnes ont des comportements toxiques qu'ils n'auraient pas en temps normal. Ceux-ci doivent faire le deuil, et passer par de nombreuses émotions : reproches, remords, ressentiments, dégoûts, répulsion, séduction ou agression. Les questionnements constants qui surgissent de cette étape abondent. Des questions telles que :

« Pourquoi moi ? »

« Qu'est-ce que j'ai pu faire à Dieu pour mériter cela ? »

« Pourquoi est-il parti si vite ? »

« Comment pourrais-je vivre sans lui ? »

On se culpabilise de la mort, de ne pas avoir été voir cette personne à son chevet, en fait toutes les raisons sont bonnes et moins bonnes pour se justifier.

Voici une histoire que j'ai vécu avec un client appelé Jean-François. Il était l'aîné d'une famille de 4 enfants, tous des garçons. Son père était parti quand celui-ci avait 9 ans en le laissant seul avec sa mère et ses 3 frères, dont 2 jumeaux. Jean-François, dès ce jeune âge s'était mis une pression d'être le meilleur pour sa mère afin qu'il puisse être le meilleur et qu'elle soit très fière de lui. Elle lui disait continuellement qu'il était l'homme de la maison et il se donnait le devoir d'être là pour elle et ses frères, tellement qu'il s'est oublié lui-même.

Pendant des années, il a vécu avec sa mère, refoulé sa colère envers son père et alimenter celle-ci en voyant ce que son père avait fait en les abandonnant. Il a fait des études en comptabilité pour faire plaisir à sa mère qui disait qu'un comptable c'était sérieux, même si lui voulait aller dans le milieu du cinéma. Il aida sa mère avec ses frères et quand ceux-ci ont quitté la maison familiale, il resta auprès de sa mère, car il avait pitié d'elle voyant encore la douleur que son père avait créée avec son départ. Il ne lui parla jamais de ses envies pour le cinéma, ni même des femmes, car sa mère lui disait toujours qu'il était le meilleur garçon au monde car il était là pour elle et sa famille.

Un jour, sa mère lui demanda de l'accompagner au salon de coiffure, mais comme celui-ci devait terminer un rapport il lui dit de prendre un taxi et qu'il irait la chercher lorsqu'elle aurait fini. Après quelques heures, il appela au salon de coiffure pour voir si sa mère était prête, mais la réceptionniste lui dit qu'elle ne s'était jamais présentée au rendez-vous. Pris de panique, Jean-François prit sa voiture et se rendit près du salon de coiffure et arrivé à quelques coins de rues du salon, il vit que la rue était barrée par des policiers. Il demanda à ceux-ci ce qui c'était passé et un policier lui répondit qu'une femme s'était fait frapper par une voiture en tentant de traverser la rue.

Il pensa tout de suite à sa mère et en validant avec le policier, il se rendit compte qu'il s'agissait bel et bien de celle-ci. Pris de panique il se dirigea à l'hôpital où on avait transporté sa mère, mais il était trop tard elle était déjà décédée.

Pris de remord de ne pas avoir accompagné sa mère au salon de coiffure, il sombra dans cette dépression et cette culpabilité le rongea pendant 7 ans, où après des thérapies, il s'est aperçu que ce n'était pas de sa faute et qu'il avait rongé ce mal de l'intérieur depuis tout ce temps pour rien. Nous avons vu également ensemble qu'il s'en voulait également de ne jamais avoir dit à sa mère ses intentions de vie, car celle-ci misait beaucoup sur lui. Dans l'acharnement de vouloir plaire à sa mère et ses frères, Jean-François a oublié une chose très importante dans ce cas-ci...lui. Il n'a pas vécu pour lui, mais pour être celui qui n'abandonnerait pas sa famille.

Dans cette étape, la culpabilité qui est accompagnée de la dépression est très perturbante. Plusieurs personnes ont même recours à de l'aide professionnelle extérieure pour pouvoir passer au travers cette étape.

Il est recommandé lorsque le besoin s'en fait sentir, de consulter un professionnel (médecin, thérapeute, psychologue) en qui vous avez confiance, et pourquoi ne pas demander à vos proches? Eux vous connaissent mieux que quiconque et vivent peut-être le même deuil que vous. En parler est la meilleure solution.

Dans le cas de notre mise en situation, Marie est dévastée et bousculée par tous les événements que la mort d'un proche peut encourir. Elle se sent coupable de plusieurs choses de sa vie d'épouse. Elle a opté pour le silence.

Elle vit intensément chacune de ses émotions même si elle a de la difficulté à mettre des mots sur celles-ci. Sébastien, le cadet de la famille lui, est dans la contre-attaque.

Il a décidé de s'enivrer dans l'alcool comme pour essayer d'oublier les soi-disant chicanes avec son père, et le manque de communication avec celui-ci. Il aurait aimé désespérément avoir plus de temps avec lui et s'en veut. Il s'automutile dans la dépendance. Il faut comprendre que d'utiliser des moyens toxiques de vie comme les abus d'alcool, consommation de drogues ou de médication, l'impulsivité et autres comportement toxiques ne font que ralentir le processus de passage. Sébastien reste stagnant. Comme s'il refusait d'avancer vers sa guérison.

Cette étape est la plus longue et la plus fragile du processus. Il est conseillé de prendre son temps et de laisser le travail s'établir de par lui-même. Inutile de presser les choses, car si on essaie de passer certaines étapes, juste par principe ou par inconfort, on risque de rester stagnant et même de reculer dans le processus.

Quatrième étape : La colère

L'étape de la colère apporte son lot de problèmes à elle seule. Souvent les gens qui vivent cette étape deviennent soit enragés, négatifs ce qui causera pour certains des ennuis de santé, car les tensions musculaires refont surface, le rythme cardiovasculaire augmente, les maux de tête, etc. Dans certains cas également, j'ai vu des gens qui au lieu de vivre leur colère, la garde à l'intérieur et se renferment sur eux mêmes. Dans ces cas, on observe souvent des problèmes plus graves allant même jusqu'à des hospitalisations. La colère est un sentiment tout à fait normal. Il faut la vivre et la laisser circuler sans s'affecter ou en affecter ses proches. C'est une confrontation avec les faits qui va engendrer une attitude de révolte ou d'agressivité que l'on retourne vers soi et vers les autres. La pensée de la personne s'alimente de fortes contradictions. En fait, la personne est confrontée à l'impossibilité d'un retour à la situation première.

Brigitte, la fille de Marcel, est persuadée qu'il y a eu un mauvais diagnostic. Qu'une erreur médicale est survenue. Son père allait bien il y a un mois.

Tout était au beau fixe; il préparait son voyage de retraite avec Marie sa femme. Il a juste eu un malaise et on lui a administré les injections. C'est trop rapide pense-t-elle. Pourtant, son père a eu le temps d'accepter son départ et de faire ses adieux, mais Brigitte ne croit pas à tout cela. Elle cherche le coupable de la mort de son père.

Cette étape est celle que j'aime appeler « les coupables de la mort ». Nous cherchons un coupable pour cette mort ou cette fin. On essaie de culpabiliser les autres pour nous avoir enlevé quelqu'un ou quelque chose que nous aimions. Toutes les excuses sont bonnes. Que ce soit Dieu, les médecins, la famille, les prêtres, on essaie de se déculpabiliser de cette douleur, car le corps et l'âme ne veulent pas la vivre convenablement. Que l'on blâme Dieu pour cette perte, personne ne vous en tiendra responsable, surtout pas Dieu lui-même. Un être d'une grande bonté est capable de prendre le blâme, même si en aucun cas il n'est responsable de cette mort. Les médecins? Il faut faire la juste part des choses. J'ai vu depuis plusieurs années des gens entrer dans mon cabinet en disant « c'est une erreur médicale! Il n'était pas censé mourir! », Alors, qu'il n'en était rien.

Vous savez, toute la médecine de l'homme n'est pas corrompue et le travail que les docteurs, médecins, chirurgiens, infirmier et infirmière fait est un travail extraordinaire. Ils ne peuvent pas tout faire même si généralement ils font l'impossible pour sauver les gens qui en ont besoin. L'homme est humain et il est possible que même dans ce milieu des erreurs puissent survenir, mais nous comprendrons que c'est seulement une possibilité. Cessons d'en vouloir pour rien à ces gens qui donnent leur vie pour sauver les autres. Lorsqu'il y a des erreurs flagrantes et preuves à l'appui, faite ce qui vous semble le mieux pour vous, mais sinon, ne laisser pas votre colère jeter son dévolu sur ces gens.

On entend souvent les phrases suivantes :

« C'est de la faute de la famille ils l'ont rejeté et abandonné! »

« Pourquoi Dieu n'est pas venu me chercher moi plutôt que lui? »

« On m'a volé ma vie! »

« C'est de leur faute, ils n'ont jamais rien fait pour lui! »

Pourquoi blâmer une famille tout entière lorsque nous éprouvons cette douleur de la perte. IL N'Y A AUCUN COUPABLE DE LA MORT SAUF LA MORT ELLE-MÊME! En réalité, nous essayons de transposer nos propres douleurs sur les autres...même sur nous-mêmes. Souvent, on se culpabilise de ne pas avoir entretenu de bonne ou fréquente relation avec le ou la défunte (e).

Une cliente, prénommée Johanne, vint me voir un jour à mon bureau. Elle était dans un état de rage contre tous. Après avoir parlé quelques minutes avec elle, j'ai constaté que cette colère était le résultat de la mort subite de son fils Hugo lors d'un accident de voiture. Celui-ci était sorti avec des amis et avait pris sa voiture avec des facultés affaiblies. Il était 3heures du matin approximativement et il s'endormit au volant, percuta une autre voiture en sens inverse, blessant gravement la conductrice de ce véhicule, et il finit sa course en percutant un arbre. Lors de l'arrivée des policiers et ambulanciers, Hugo était entre la vie et la mort, de même que la jeune conductrice de l'autre véhicule qui elle, venait de terminer son quart de travail et se rendait paisiblement chez elle. Hugo et cette demoiselle furent conduits à l'hôpital et ils furent pris en charge par les unités d'urgence. On tenta de sauver Hugo, mais les hémorragies internes ainsi que les multiples fractures ont aggravé le cas d'Hugo.

Johanne est arrivée à l'hôpital pendant que son fils était en salle d'opération. Le personnel de l'hôpital essayait tant bien que mal de contenir celle-ci qui hurlait de rage et de douleur. Elle voulait voir son fils, mais celui-ci était en salle d'opération où il luttait pour sa vie. Les parents de la jeune fille aussi étaient là, très tendus. Johanne remuait ciel et terre et accusait tout le monde de l'état de son fils.

C'est la société, c'est les fabricants d'automobiles, le bar où il est allé, même elle alla jusqu'à accuser la jeune fille victime dans l'accident. Elle ne savait plus sur qui mettre son dévolu. À 5 h 10 du matin, le médecin vint rencontrer les parents de la jeune demoiselle pour leur annoncer qu'elle a survécu à l'opération, mais que malheureusement la moelle épinière était touchée. Le résultat serait qu'elle n'aurait plus l'usage de ses jambes. Dévastée, la mère de celle-ci demanda à la voir, mais le docteur leur demanda de patienter pendant qu'on la transférait en salle postopératoire.

Johanne était assise et priait Dieu de faire que son fils survive à tout cela. Elle lui promit même de retourner à l'église, de lui faire brûler des lampions, etc. Quelques minutes plus tard, le docteur vint voir Johanne pour lui annoncer que son fils n'avait pas survécu. Une hémorragie cérébrale avait causé la mort sans qu'ils puissent faire quoi que ce soit. Elle hurlait de rage, accusait le médecin d'avoir essayé de sauver l'autre victime et pas son fils, on ne lui a pas administré les bons soins, etc., sa colère était justifiée, mais amplifiée par la tristesse. Elle en voulait même aux parents de la jeune fille en disant que si elle n'avait pas été là, tout cela ne serait pas arrivé. Elle avait oublié que cette jeune fille ne marcherait plus jamais. Elle menaçait même le médecin et le personnel de l'hôpital de procédures judiciaires, car ils n'avaient pas fait correctement leur travail. Elle était sous le choc et sous l'impact de la colère.

Après avoir eu un contact avec son fils décédé, nous avons ensemble vu que personne ici n'était coupable sauf son fils. Son manque de jugement avait fait en sorte que celui-ci avait pris sa voiture avec des facultés affaiblies ayant causé sa mort, mais surtout... causé la paraplégie d'une jeune femme de 24 ans qui ne marcherait plus jamais et qui devra réapprendre à vivre avec de nouvelles conditions de vie. Johanne comprit alors que personne n'était coupable, même pas elle.

Elle est repartie chez elle le cœur plus léger, mais avec cette culpabilité d'avoir mal agi envers le personnel de l'hôpital et même les parents de cette jeune femme.

Quelques jours plus tard, j'ai reçu un bouquet de fleurs à la maison avec cette petite note que je partage avec vous :

Bonjour Christian, mon Ange,

Je te remercie pour cette belle rencontre que j'ai eue avec toi il y a quelques jours et qui m'a fait comprendre beaucoup sur moi et sur l'accident dont mon fils Hugo a vécu. J'étais dans la noirceur totale. Je ne voyais pas la réalité de cet accident et je cherchais un coupable de la mort de mon fils sans même vouloir croire qu'Hugo était lui-même coupable de sa mort. Il était mon seul fils et moi et sa sœur Julie il nous manque beaucoup.

Merci de m'avoir permis de comprendre que j'étais en colère contre tous et moi-même pour rien. Tu seras content d'apprendre qu'à la sortie de ton bureau, je suis passée chez le fleuriste et j'ai fait faire un gros bouquet de fleurs et je suis passée à l'hôpital m'excuser de mon comportement envers eux. Ils ont accepté mes excuses et mon accueilli très bien et même, ils m'ont offert du support avec une psychologue. J'ai également rencontré les parents de cette jeune fille victime de l'accident. J'ai été sous le choc et ça m'as donné toute une claque sur la gueule de la voir dans son fauteuil roulant. Elle a accepté de me voir et on a parlé de l'accident. Elle est forte, beaucoup plus forte que moi. Elle dit qu'elle va s'en sortir, mais au moins elle est en vie et qu'elle a pardonné à Hugo et ses parents aussi. Je ne dis pas que je vais très bien, mais je suis fière de moi et de ce que j'ai fait. Tout cela c'est grâce à toi et ton Ange. Merci Christian, je peux maintenant vivre le deuil de mon fils en pensant que personne n'est responsable de sa mort sauf lui. Continue ton bon travail et encore merci, tu m'as donné une nouvelle vie.

Amitiés, Johanne

J'ai rencontré Johanne deux ans après notre première rencontre et j'ai vu une femme transformée. Elle était beaucoup mieux, son deuil avançait rapidement, toujours en ayant cette peine de la perte de son fils Hugo.

Elle m'a confié qu'elle s'était liée d'amitié avec la jeune femme et sa famille qui l'avaient reçue à bras ouvert. Elle alla même en physiothérapie avec cette dernière. Elle m'a même confié que ça l'aidait à se déculpabiliser et lui permettait de corriger ce que son fils avait fait, sans pour autant justifier son geste. Comme toutes les mamans feraient me disait-elle, elle répare les pots cassés de son fils. Voilà pourquoi il faut travailler sur cette colère et l'exemple de Johanne et d'Hugo n'est qu'un seul cas parmi tant d'autres, mais il est vraiment l'image parfaite de cette colère refoulée.

Dans cette histoire, Johanne a pris conscience de cette colère et elle a tout de suite corrigé les agissements reliés à celle-ci, mais plusieurs personnes vivent encore avec des colères qui ne leur appartiennent pas ou son totalement irréaliste. N'oubliez jamais, nul n'est réellement responsable de la mort que la mort elle-même.

Cinquième étape : La peine ou la tristesse.

Cette étape est une des plus cruciales des étapes du deuil, car elle est celle où l'on prend pleinement conscience de la perte, de l'étape de non-retour. C'est une étape importante, car nous sommes confrontés à une réalité qu'est la mort. Tout ce fait d'une manière progressive et peu de personnes peuvent passer cette étape rapidement, car elle agit comme un baume sur le psychologique, mais également comme élément déclencheur de l'avancement du deuil.

Cette étape nous permet de comprendre que tout est terminé, tout est fini. Nous nous sommes battus contre le temps, contre les émotions, contre la vérité et la réalité, mais rien n'en est fait.

Tout a eu pour but de nous éloigner de ce que nous sommes vraiment, de l'impact que la mort est venue faire dans cette étape de notre vie.

La peine est un sentiment des plus humains, elle nous ramène à notre moi intérieur, elle nous fait prendre totalement conscience que NOUS nous sommes encore là à vivre ce que j'appelle « notre vie après la mort ». Plusieurs continuerons de sombrer dans des étapes non réglées du deuil tel la négation, le déni, la dépression, mais lorsque la peine (la tristesse) fait sa place en nous, c'est là que le deuil est en partie derrière nous. Des questionnements et des affirmations font surface en nous tels que :

« Ce n'est pas juste, qu'est-ce que je vais devenir? »

« J'espère qu'il n'a pas souffert! »

« Tout s'est passé si vite, je ne comprends pas. »

Marie fait peu à peu une place à la compréhension de la mort de Marcel. Elle a de la difficulté à contenir ses larmes, mais elle se compare aux souffrances que son tendre époux a vécues pendant tout le temps qu'il a été hospitalisé. Elle pense au voyage qu'ils n'ont pas pu faire, aux belles soirées à la belle étoile qu'ils vont manquer. Elle se met dans cette émotion qu'est la mort. Elle pense également à la douleur de ses enfants et de ses petits enfants qui viennent de perdre leur père et grand-père. Comment va-t-elle gérer cette situation qu'elle a peine à contenir.

La peine doit faire son temps. Elle ne peut pas être pressée de quelconque façon, car elle doit prendre possession de la personne. Une étape de néant se fait ressentir comme si parfois nous étions vides d'émotions. Nous devons accepter cette peine et cette tristesse, car il est normal de manquer la présence de la personne, de rêver de lui ou d'elle, d'être devant des impasses qui nous poussent à avancer et à nous faire réaliser qu'il y a surement de la vie après la mort. Je ne parle pas ici de la vie après la mort que les défunts vivent, mais bien celle à laquelle nous sommes confrontés. NOTRE vie suivant cette fin. Peu à peu, nous franchissons la tempête pour déboucher dans la pleine tranquillité.

Un parent un jour vint me voir pour une consultation et me demanda ; « Mon fils de 14 ans a perdu son meilleur ami dans un accident. Son ami s'est noyé en allant faire du bateau et il ne s'en remet pas. Il pleure constamment, et ce depuis 6 mois. Est-ce que je devrais le faire voir par un psychologue? » J'ai demandé au papa depuis combien de temps son fils et cet ami étaient liés d'amitié. Il m'a répondu qu'ils ont été à la maternelle ensemble et depuis ils sont inséparables. Que lui et sa femme s'étaient déjà demandé si les deux n'étaient pas un couple. Je lui dis que non, mais que l'amour entre deux garçons pouvait être très fort et que rien ici n'était anormal.

Je le référai immédiatement à lui-même en lui disant. « Si vous perdiez un ami proche, quelqu'un que vous êtes ami depuis plus de 10 ans comment réagiriez-vous? » Il me répondit sûrement qu'il aurait de la peine, mais probablement pas autant que son fils. Je lui répondis ceci : personne ne peut quantifier la dose de tristesse face au deuil et à la mort. Votre fils vit des émotions très difficiles présentement, et ce depuis 6 mois et vous vous interrogez sur la pertinence de sa tristesse? Lui avez-vous demandé comment il se sent? Comment il vit tout cela? Il a perdu ses repères, son amour, ses liens. Comment pouvez-vous juger du temps que votre fils doit prendre pour penser ses blessures. Il est normal que celui-ci prenne le temps qu'il faut pour passer cette tristesse. Ce n'est pas le lien que celui-ci avait avec son ami qui est la cause ici, mais l'amour et la confiance que ces deux jeunes hommes s'accordaient.

Depuis l'enfance que ceux-ci partageaient non seulement la vie de chacun, mais aussi leur vie sociale, scolaire, familiale, etc., l'amitié est l'amour le plus solide entre deux individus et même souvent plus fort que l'amour familial et de couple.

On ne peut pas prévoir le temps que votre fils prendra pour guérir de cette douleur, mais il est de votre devoir de parents de supporter votre fils dans cette dure étape de sa vie. Comment quantifier la tristesse? Pour vous ce n'est peut-être pas si grave, mais n'oubliez pas que c'est votre fils qui a vécu cette relation directement avec cet ami et non vous. Vous n'avez été que témoin de cette amitié entre ces deux jeunes hommes. C'est comme si demain matin je vous enlevais une partie de vous-même, comment réagiriez-vous?

Le père m'a regardée les yeux pleins d'eau, il venait de comprendre l'ampleur que la mort de l'ami de son fils avait amenée dans celui-ci. Il ne pouvait pas savoir quand son fils irait mieux, mais il décida alors de passer un peu plus de temps avec son fils, non pas pour pallier à l'émotion perdue par rapport à la mort de son meilleur ami, mais bien pour lui apporter le support que celui-ci avait besoin pendant ce temps où la tristesse était à son plus haut niveau. Tout cela doit faire son temps. Je l'ai rassuré en lui disant qu'éventuellement il passerait par d'autres étapes du deuil et qu'il aurait probablement besoin de son père et de sa mère.

Pour certaines personnes, la tristesse et la peine d'un deuil peuvent prendre plus de temps qu'une autre. Le deuil n'est pas quelque chose qu'on peut cataloguer, car il s'agit vraiment du cas par cas.

Sixième étape : L'acceptation

Que l'on veuille ou pas, le deuil continu son chemin et continu à grandir à l'intérieur de nous. L'acceptation de la mort est l'avant-dernière étape de ce long et ardu parcours. C'est une étape importante, comme toutes les autres auparavant, mais c'est celle où nous sommes témoin de la fragilité et l'incompréhension de la logique humaine. Dans cette étape, une période d'accalmie des émotions et des réactions physiques ou comportementales fait place au lieu de la tristesse et de la dépression. Nous commençons à voir la lumière au bout du tunnel. La compréhension que le ou la défunte ne reviendra pas, est accueillie et comprise petit à petit.

Que vous fassiez une étude de conscience, il vous en appartient de le faire, mais cesser de vous en vouloir à vous ou aux autres pour une chose où il ne peut avoir de coupable. Il est certain que dans le cas d'un homicide ou d'un accident mortel, il est normal d'avoir ce ressentiment à l'égard des responsables, mais le pardon est si libérateur et vous permettra éventuellement de passer à l'étape suivante. Je comprends très bien que nous ne pouvons y arriver aussi facilement, et tout dépendant de la gravité du cas, mais un travail de conscientisation du pardon peu à peu pourra certes vous aider à vous libérer. Généralement c'est là que nous commençons à nous défaire des biens de l'autre personne, on s'adapte au manque de la personne. Certes les émotions sont toujours présentes, mais en arrière-plan seulement et se font ressentir lors des situations fragiles et vulnérables de notre quotidien.

Marie a commencé à donner les effets personnels de Marcel. Ce n'est pas une tâche facile, car à chaque fois qu'elle prend quelque chose plusieurs souvenirs lui remontent en tête. Mais elle est forte et elle fit une soirée avec ses enfants et petits-enfants pour le premier anniversaire de décès de Marcel, à Noël elle a signé seulement son nom dans la carte de souhaits pour ses enfants, etc. Elle commence à adopter un comportement plus naturel et moins anxieux.

Elle se dit des phrases comme :

« Il est mieux là où il est. »

« J'espère qu'il veillera sur nous. »

« Mon Dieu s.v.p. veille sur lui et faite qu'il retrouve les siens. »

Le fond des pensées de Marie sont de plus en plus pour Marcel et non que pour elle et son deuil. Mais c'est là que nous assistons à une vraie incompréhension de l'humain. Marie regarde la photo de Marcel sur le manteau du foyer et lui parle souvent en pleurant, mais ce matin en se levant, elle n'a pas parlé à la photo et s'est fait un café et a vaqué à sa petite routine du matin. Comme une décharge électrique, elle s'aperçut qu'elle n'avait pas été dire bonjour à son Marcel et là, la culpabilité, les émotions, les larmes envahissent Marie et elle se dit être une épouse indigne et mauvaise femme.

Pendant cette période, les émotions font une pause comme je disais au préalablement. Il est normal que notre tête ne soit pas toujours envahie du souvenir du défunt. Certaines images disparaissent, les larmes sont moins souvent présentes, la vie fait son chemin et le deuil aussi et c'est là un signe d'une guérison flagrante, mais en humain fragile et complexe que nous sommes, on se sent coupable de ce manque d'attention et on se culpabilise de notre bien-être pensant que le ou la défunte nous en voudra pour ce petit oubli. Il n'en n'est point vrai. Les âmes défuntes ressentent nos émotions et nos sentiments et lorsque nous allons de mieux en mieux, ils font de même, car ils n'ont plus la pensée qu'ils ou qu'elles nous ont laissés avec ce fardeau qu'est la mort. Il est normal d'oublier certains détails de la personne, car elle n'est plus si proche à nos côtés quotidiennement. L'exemple suivant que j'ai vécu avec une cliente relate les faits actuels que je vous parle et est un très bon exemple ;

Marielle, 56 ans vit le deuil de Pierre son conjoint de vie. Il est décédé depuis plus de 10 ans et elle trouve toujours cela difficile. Elle a avancé dans le deuil, mais depuis quelques années elle bloque à cette étape-ci. Pierre était un écrivain et il avait un grand bureau qu'il appelait son royaume. Les livres s'empilaient, les dossiers, bouteilles de scotch, etc. Des photos de famille et d'amis ornaient les murs ainsi que plusieurs prix remportés.

Lorsque Pierre est décédé subitement d'un arrêt cardiaque dans son bureau à l'âge de 50 ans, Marielle a gardé le bureau intact et n'y a jamais touché.

Personne n'avait le droit d'y entrer sauf elle. Le verre de scotch que son époux buvait lors de sa mort, vide avec un petit fond d'alcool séché au fond, était toujours là. Elle allait toujours s'asseoir sur le fauteuil devant le bureau vide de son mari et pleurait sans cesse. Elle ne faisait qu'épousseter de temps à autre sans bouger ou ranger quoi que ce soit, comme s'il était pour être de retour dans quelque temps.

Un jour son petit-fils de 9 ans qu'elle aimait tant, pendant qu'elle s'affairait dans la cuisine, il a décidé de franchir la porte et d'aller s'asseoir dans le fauteuil de son grand-père. Après quelques minutes, Marielle le cherchant partout dans la maison et elle a commencé à se demander où il pouvait bien se cacher. Elle jeta un coup d'œil dans le bureau et il était là, lisant un livre qui était sur le bureau. Prise d'une colère incroyable, elle le prit solidement par le bras et le sortit du bureau en lui criant qu'il ne devait jamais être là, qu'il ne comprenait rien et qu'il lui avait fait beaucoup de peine. Le petit ne comprenait pas et pleurait toutes les larmes de son corps et il courut dans la cour pleurer sur la balançoire. Marielle, prit de panique est retournée dans le bureau et a pleuré en s'efforçant de replacer tout en place. Elle pleurait toutes les larmes de son corps, comme si son Pierre venait de mourir à nouveau.

Elle ne savait plus ce qui lui faisait mal, le fait que le petit soit entré dans le bureau ou qu'elle avait disputé cet enfant qu'elle aimait tant qui n'avait en réalité, pas fait grand-chose de méchant.

Elle était maintenant prise d'une immense culpabilité. Elle est restée là, immobile, assise sur le plancher du bureau à pleurer. Son petit-fils alla la voir pour lui demander pourquoi elle l'avait disputé et pourquoi il ne pouvait plus venir dans le bureau puisque sa maman lui a dit que grand-papa était au ciel et qu'il pourrait seulement venir le voir dans ses rêves, donc il n'aurait plus besoin de son bureau. Marielle a regardé son petit-fils et l'a embrassé en le prenant fort dans ses bras. Il venait de lui dire ce qu'elle se refusait de croire depuis 10 ans et surtout…par un enfant de 9 ans. Elle a commencé avec lui à faire le grand ménage du bureau et lui a dit que ça serait une chambre pour lui quand il coucherait chez elle. Ce qu'elle fit, avec des efforts, un peu de larmes et beaucoup d'amour pour son Pierre et son petit-fils.

Il ne faut pas se sentir coupable ou même mal de cette étape c'est signe de guérison comme si l'avenir ne paraissait plus aussi noir qu'avant.

Septième étape : L'héritage

À mon avis, c'est la plus belle étape du deuil, car c'est là, après plusieurs mois ou mêmes des années, que nos souvenirs sont plus joyeux de la personne disparue. On se remémore des moments plus positifs que nous avons passés en sa compagnie. On se laisse envahir par l'amour de l'autre et souvent, accompagné des siens nous pouvons partager et même parler de la mort de cette personne sans que nous vivions des torrents de larmes.

Marie et ses enfants pendant le réveillon de Noël, se remémorent des moments cocasses des Noël passés avec Marcel.

« Vous souvenez-vous quand Papa avait fait le père Noël une année et il était tellement saoul qu'il a déboulé les marches et est tombé dans le sapin! »

« Je suis certaine qu'il est avec nous ce soir. Joyeux Noël mon amour. »

« Bon Éric puisque c'est toi l'homme de la maison maintenant à toi de découper la dinde! »

Ils passent tous un excellent temps des fêtes avec quand même une petite nostalgie du temps ou leur père était présent. Il est normal d'avoir ce petit pincement au cœur, car le deuil, même si ici nous pouvons parler de guérison, va toujours laisser un sentiment à l'intérieur de nous. La perte d'un collègue de travail ou d'une connaissance se fera sûrement plus vite, mais imaginez une mère qui perd son enfant…tous les jours de sa vie, elle pensera à celui-ci même si ce dernier est mort d'un âge avancé.

Les gens qui ont passé à travers toutes les étapes du deuil et en arrivent à cette dernière prennent également conscience que la vie continue et qu'il y a un avenir pour eux. Ce que j'appelle « notre vie après la mort ». Même si nous restons enfermés dans notre maison et dans notre deuil, la vie continuera au-dehors. Les arbres refleuriront, le temps passera même si parfois on aimerait qu'il s'arrête. Il est important de prendre des comportements plus sains et positifs.

Allez marcher dehors dans un parc, allez voir vos amis (es), faites une fête, achetez-vous un petit animal de compagnie.

Ces exemples ne sont que quelques-uns parmi une panoplie de choses que vous pouvez faire pour briser ce comportement mutilateur. La vie recommence toujours.

Marie a décidé de vendre la maison familiale à sa fille Brigitte et s'est acheté un petit condo.

Elle a amené quand même plusieurs éléments de sa vie avec Marcel comme des cadres, des souvenirs de voyage, son fauteuil, mais ces objets sont en deuxième plan dans sa nouvelle demeure. Elle a même rencontré Richard un ami qui est veuf aussi et ont commencé une certaine relation. Elle suit des cours de yoga et voyage avec son nouvel ami. Voyez-vous, même si Marie a toujours au fond de son cœur son Marcel, elle est capable de garder ce souvenir et de continuer cette vie qu'est la sienne.

Le deuil est un processus parfois long et ardu, mais si vous faites les étapes une après l'autre sans trop vous imposer ce deuil, mais en laissant circuler en vous et en l'accueillant, votre vie après la mort sera des plus facile par la suite.

Chapitre 4

Les étapes de la mort.

« L'amour, tout comme la mort, est une étape du voyage où l'on
arrive tous un jour ou l'autre. »
Plume Latraverse

La mort est encore, pour plusieurs, cette suite d'interrogations que le cerveau humain ne comprend pas toujours. Le survivant a toujours des étapes du deuil à franchir mais le défunt doit également passer par plusieurs étapes. Inutile de vous dire que même les plus préparés trouvent dans la mort plusieurs surprises auxquelles ils n'étaient pas tout à fait préparés. La religion et notre éducation religieuse nous ont dit par le passé que suite à la mort, notre âme irait tout droit au paradis et que nous y régnerions pour l'éternité. Plusieurs autres religions ou disciplines de vie ou de croissance personnelle nous parlent de différentes étapes avant d'arriver au salut éternel. Plusieurs personnes précisent même que nous serions assis sur des nuages à regarder les âmes passer.

En aucun cas, je ne me permettrai de juger ces personnes et leurs pensées. Par contre, il faut comprendre que la réalité est tout autre. Au cours du prochain chapitre, nous parcourrons ensemble les étapes par lesquelles le défunt ou la défunte (en l'occurrence ici l'exemple fictif de Marcel et/ou Marie) doit passer, à compter de 30 jours avant sa mort et jusqu'à sa réincarnation. Ce que j'écris ici n'a pas surgi de l'ombre, des nuages ou du vent mais c'est le résultat de plusieurs années d'étude et le compte rendu de milliers de contacts avec l'au-delà. Voici la réalité de ce qui se passe vraiment. Même si vous ne me croyez pas ou que vous doutez de mes propos, le jour de votre grand départ, vous direz :

« Il avait bien raison celui-là! »

Première étape : l'annonciation ou le « pré-sentiment. »

Toute personne qui va mourir ressent, au moins 30 jours avant, que quelque chose va arriver et ce, même lors d'une mort accidentelle. L'âme humaine, qui est une machine parfaitement rodée, a elle-même son code génétique, sa méthode de communication et peut aller et venir comme elle le veut. Elle est physiquement réelle. Elle pèse au total entre 2.1 et2.6 grammes. Prenez par exemple deux personnes qui viennent de mourir, un homme de 50 ans et une jeune fille de 5 ans. Après avoir vidé les corps des fluides corporels et autres, la différence sur la balance sera de 2.1 à 2.6 grammes.

Ce n'est pas une question de poids ou de maturité, la différence sera la même pour toute personne humaine, quelque soit son âge. L'âme est logée entre les deux cortex cérébraux, au-dessus de l'atlas (dernière vertèbre cervicale), à l'endroit aussi appelé « occiput ». Comme l'âme possède son propre langage, elle communique constamment avec le cerveau (appelons le : conscient). Elle sait que la mort va survenir bientôt et envoie un signal au conscient dans le but de l'avertir que quelque chose se produira et que la fin approche.

Dans le cas de Marcel et Marie :

Marcel, quelques semaines avant sa mort, a décidé qu'il voulait voir son frère Robert. Pourtant, ceux-ci ne s'étaient pas vus depuis au moins 15 ans, en fait depuis la mort de leur père. Il dit que c'est de l'histoire ancienne et qu'il doit avancer dans son cheminement. Pendant qu'il est hospitalisé, Marcel demande également à Marie de lui apporter de la réglisse noire. Rappelons que Marcel a toujours détesté la réglisse, l'odeur seule lui donnait des nausées. Quelques jours avant le diagnostic et son entrée à l'hôpital, il discute avec sa femme afin de voir si tous leurs papiers sont en ordre : assurance, testament, etc. On observe alors chez Marcel des comportements inhabituels, comme s'il savait que quelque chose allait survenir, sans savoir exactement de quoi il s'agissait.

Dans le cas d'un décès accidentel, ces avertissements de fin se font également sentir et des comportements bizarres surviennent. Voici un exemple que j'ai vécu dans ma carrière. Une femme est venue me consulter à mon cabinet pour entrer en contact avec son mari décédé 2 ans auparavant. Celui-ci était un mordu de moto. Il en avait une qu'il chérissait plus que tout au monde, parfois même plus que sa conjointe.

Un grand gaillard de 6 pieds2 pouces, 224 livres, cheveux longs, barbe, tatouage, etc. Un jour, en rentrant à la maison, sa femme a reçu tout un choc en constatant que son conjoint s'était rasé, avait coupé ses cheveux courts et les avait teints en blond, avait une oreille percée et, pire que tout, il avait échangé sa merveilleuse Harley Davidson pour une moto de type« Racer ». Quand elle le confronta en lui demandant si tout allait bien, il lui répondit que oui et surtout, il ajouta qu'il l'aimait de tout son cœur.

Le lendemain, elle lui demanda d'aller chercher quelques petits trucs au dépanneur. Il lui répondit qu'il irait et qu'il en profiterait pour étrenner son nouveau joujou. Au même moment, il fit une crise à sa femme quand il remarqua qu'elle ne portait pas son jonc de mariage (qu'elle avait enlevé pour faire le ménage). Elle le remit et l'embrassa. Il partit et quelques coins de rue plus loin, il se fit frapper par un camion et il décéda sur le coup sous la violence de l'impact. Voyez-vous, même dans le cas d'une mort accidentelle, il y a toujours un présage de la fin dans l'inconscient.

Il semble que nous avons l'impression de devoir terminer certaines choses que nous n'avions pas eu la chance de mener à terme, de nous entourer de notre famille, de nos amis (es) et surtout de ceux que nous n'avions pas vus depuis longtemps. Nos pulsions sont plus fortes que tout et c'est comme s'il n'y avait aucune raison valable de ne pas vivre notre ressenti. Notre âme communique donc à notre inconscient le moment approximatif où notre mort doit survenir.

Suivant ce ressentiment, lorsque nous sentons la mort faire son chemin (exemple quelqu'un en soins palliatifs à l'hôpital ou à la maison) nous avons comme un urgent besoin de dire les dernières choses à nos proches ou de régler certaines choses du passé.

Marcel a demandé à Marie de voir les enfants, à tour de rôle, pour leur parler. Il leur répéta combien il les aimait, combien il était fier d'être leur père. Il précise que si quelque chose devait survenir, ils devraient toujours rester unis et prendre soin de leur mère. Même si Marcel n'était pas mort, il avait besoin de dire au revoir à ses enfants, surtout qu'Éric devait partir pour l'extérieur.

Il passa la nuit avec Marie, main dans la main, à se remémorer le passé, tous leurs accomplissements de couple, leur belle famille, leurs nombreux voyages et même les petites chicanes qu'ils avaient surmontées. Marie ne voulait pas entendre tout ça. Elle n'était pas prête à jongler avec toutes ces émotions : tristesse, joie, désespoir, courage. Mais elle devait rester forte pour son mari.

Durant la nuit, il n'arrêtait pas de dire qu'il ressentait la présence de son père Charles auprès de lui. C'était comme s'il l'entendait et il arrivait même à sentir l'odeur de la lotion après-rasage de son père. Marie prit cet épisode comme un délire de médication et de fatigue et n'en fit pas de cas. Mais rappelez-vous, Charles est décédé il y a plus de 15 ans.

Le lendemain, le docteur fit ses visites et dit à Marie et à ses enfants qu'il n'avait plus rien à faire. Son époux souffrait trop et on devait alléger ses souffrances avec de la morphine. En peu de temps, Marcel ferma les yeux et tomba dans le coma.

Marcel avait ressenti que c'était LE temps d'avoir cette discussion avec sa femme et ses enfants. Plusieurs personnes, peu avant la mort, tombent dans un type de coma (généralement appelé par la science médicale un coma cérébral) ou un certain ralentissement de l'état cérébral, mais selon les témoignages que j'ai reçus à mon cabinet, et ce depuis plus de 18 ans, la majorité des gens confirme qu'ils ou qu'elles entendent tout ce qui se dit autour d'eux. Ils reconnaissent les gens au toucher ou par leurs timbres de voix. Donc, il est important de faire attention lorsque nous parlons près d'eux car tant et aussi longtemps que tout n'est pas terminé, ils peuvent nous percevoir. J'ai vu plusieurs personnes me dire qu'elles avaient entendu leurs proches parlers de l'héritage ou des funérailles pendant qu'elles étaient encore en vie. Imaginez comment la personne dans le coma se sent. Un seul mot doit être retenu ici et c'est le mot respect.

Lorsque nous mourons, il est normal de sentir un proche près de nous. Comme dans l'exemple; Marcel ressentait la présence de son père et sentait même l'odeur de son après-rasage. Aucun défunt ne peut donner la mort. Les proches nous entourent, ils sont là pour nous rassurer et nous réconforter. Que nous ayons côtoyé un guide, un ange de mort ou un défunt au cours de notre vie, nous ne mourons jamais seuls…même si physiquement nous sommes seuls dans la pièce. Dans l'invisible, certaines personnes se préparent à notre arrivée. Nous ressentons leur présence, souvent par des brises glaciales, des murmures, des odeurs ou même des visions, qu'elles soient en rêve ou en réalité. La grande peur de plusieurs personnes est de mourir seuls, dans la solitude et croyez-moi, ce n'est pas juste vague crainte car, il est souvent arrivé que des personnes décèdent dans cette solitude, étant donné que leur famille les avaient laissées pour compte.

Certains décident également, soit par pudeur, soit à cause d'une crise d'égo ou pour ne pas laisser ces images de la mort à leurs proches, de mourir dans l'anonymat. Alors, si tel n'est pas le cas pour vous, n'ayez crainte, quelqu'un sera là pour vous, vous ne serez jamais seul, et ce, même si vous n'avez aucun défunt outrepassé.

Voici un fait vécu par une de mes clientes prénommée Lucie.

Depuis quelques semaines, j'accompagnais ma mère qui était en fin de vie.

Elle était atteinte de la maladie d'Alzheimer et ne reconnaissait plus les gens autour d'elle, pas même moi ou mes frères. Mon père Raymond était décédé 2 ans auparavant. Depuis quelques jours, elle n'était plus vraiment consciente de ce qui se passait autour d'elle. Elle ne faisait que regarder la fenêtre avec des yeux vides et tristes. Tout le monde lui avait dit au revoir et on attendait le grand moment. Comme je suis celle qui habite le plus loin de l'hôpital, je couchais souvent auprès d'elle dans un fauteuil de sa chambre. La nuit avant sa mort, je croyais entendre les voix des infirmières dans la chambre de ma mère car j'entendais 2 femmes parler. J'ai ouvert les yeux et je n'ai vu personne. En les refermant, j'entendais de nouveau les voix. J'ai alors reconnu celle de ma mère accompagnée d'une autre voix très feutrée. À ce moment-là, j'ai eu peur, mais comme ma curiosité était plus forte que tout, j'ai ouvert les yeux et j'ai vu une lumière près de ma mère. Elle était assise dans son lit, les yeux ouverts et parlait comme si elle était en pleine santé.

Je lui ai demandé à qui elle parlait et elle m'a répondu qu'elle avait de la visite et qu'elle n'était pas coiffée! Je croyais d'abord à une hallucination de la part de ma mère à cause de la morphine, mais je voyais toujours cette lumière se déplacer autour de son lit. J'ai de nouveau demandé à ma mère à qui elle parlait et qui était ce visiteur? Elle m'a répondu : « Tu ne reconnais pas ta grand-mère? Pardonne-lui, maman, elle est très fatiguée. Ça fait quelques jours qu'elle est ici. Comment c'est l'autre côté? Ah oui? Raymond est là! Oui, je crois que je suis prête. C'est Lucie qui ne l'est pas maman... » J'ai cru défaillir. J'étais ouverte, mais ma formation de scientifique me faisait douter, même si tout se déroulait devant moi. La lumière s'est déplacée vers moi et j'ai entendu clairement la voix de ma grand-mère qui m'a dit : « Ta mère est fatiguée, on est là avec toi, ton papa aussi est là pour elle. On va s'occuper d'elle, tu peux en être certaine. On t'aime ma capucine. »

Je ne pouvais y croire, il n'y avait que ma grand-mère qui m'appelait sa capucine!

Ma mère me regarda avec un grand sourire, les yeux pleins d'eau et me dit : « Au revoir ma chérie, merci pour tout, sois forte, je t'aime! » C'est à cet instant qu'elle se ferma les yeux et se recoucha dans son lit. Au même moment, l'infirmière entrait dans la pièce. Elle a également vu la lumière disparaître totalement au moment même où ma mère décédait. Je n'arrivais pas à réaliser ce qui venait de survenir. Je pleurais beaucoup mais savais que ma grand-mère était venue chercher sa fille et je devais la laisser partir.

Lorsque j'ai rencontré Christian, pour une rencontre et un contact avec ma mère, quelques mois après sa mort, il m'a dit que c'est ma grand-mère qui était venue chercher ma mère car celle-ci ne pouvait pas partir devant moi et elle attendait que je sois partie. Il m'a dit que Dorothée, ma grand-mère aiderait sa capucine à prendre soin d'elle et que papa était là à veiller sur maman.

Je suis une scientifique assez sceptique et je sais que je ne peux pas parler de ça avec tout le monde car on me prendrait pour une folle mais ce que j'ai vécu cette nuit-là, je l'ai vu et l'infirmière l'a également vu, ce qui prouve que je n'étais pas sous l'effet de la fatigue ou du stress. Merci Christian de m'avoir aidée à accepter le départ de ma maman.

Deuxième étape : la mort

Marcel sentit son corps devenir raide et lourd, sa respiration était quasi inexistante. Il entendait Marie, auprès de lui, lui dire de partir, de ne pas rester pour elle. Elle lui donnait la permission de partir, de se libérer. Marcel entendait, en bruit de fond, le moniteur cardiaque dont les bips de plus en plus espacés ne lui disaient rien qui vaille. Il entendait de plus en plus clairement cette voix, qui était celle de Charles son père, qui lui disait de quitter son corps, de ne pas avoir peur. Comme la médication faisait déjà ses effets, Marcel ne ressentait plus aucune douleur. Une dernière respiration et le moniteur laissa un bip continu. La mort venait de surgir pour Marcel.

Au même moment, sa vision devint tout embrouillée et quand la lumière fut moins éblouissante, il aperçut son père, se tenant auprès du lit d'hôpital. Mais quelle ne fut pas sa surprise quand il arriva à contempler, à travers Marie, Brigitte et Sébastien, son propre corps inanimé. Le choc fut tel qu'il recula d'un pas. Il tenta de toucher Marie mais sans succès car sa main la transperça comme du vent.

Eh oui! Lorsque nous mourons, nous n'empruntons pas immédiatement le chemin de la lumière. Plusieurs croient que c'est un automatiste, que l'on se dirige droit au « tunnel ». Mais il en est autrement. Lorsque la mort survient, le corps entérique de la personne, se détache du corps physique et l'âme, qui soit dit en passant est attachée à ce corps éthérique, sort du corps. Par le passé, plusieurs ont vécu des expériences où l'âme quittait le corps par la tête, par les pieds et parfois même par la bouche. Toutes ces réponses sont bonnes. Il n'y a pas de schéma précis prédéfini pour la sortie de l'âme. Elle emprunte seulement le chemin le plus facile pour sortir de son corps physique.

Lorsque nous sommes sortis du corps, nous voyons et entendons tout ce qui se passe autour de nous. Comme si nous étions toujours vivants sauf que pendant un certain laps de temps, nous percevons les voix avec de l'écho. Il est donc normal de se situer à côté de son corps physique qui lui, est complètement vide de son contenu inconscient.

Il m'est déjà arrivé, par le passé, de voir des gens qui disaient être déjà sortis de leurs corps physiques malgré le fait que celui-ci soit toujours maintenu artificiellement en vie.

C'est possible. Il arrive parfois, lors d'un accident ou de problèmes de santé graves, que les médecins jouent un peu à Dieu en maintenant les gens dans un coma artificiel, ce qui fait que leur âme n'est plus à l'intérieur de leur corps physique.

Il n'est pas dangereux pour l'âme de se perdre mais elle restera près de son corps jusqu'à ce qu'il soit débranché ou que le maintien en vie artificiel soit arrêté.

L'âme des défunts reste toujours près de son corps et des siens de 3 à 90 jours. En aucun cas elles ne sont attachées au corps physique. Il est certain que de se voir là, dans un lit d'hôpital, à la maison ou sur les lieux d'un accident, n'est pas la plus belle des expériences mais comme je le disais dans un chapitre précédent, même les défunts doivent vivre les mêmes étapes du deuil que nous. Dans ce cas-ci, « le choc » est l'étape que le défunt vit. Il essaie de communiquer avec sa famille ou les siens et n'y parvient pas. Il tente de déplacer certains objets ou même de toucher des gens mais, à cause de son corps éthérique, il passe à travers les gens et la matière. Assez surprenant me direz-vous! Je crois oui.

Plusieurs personnes ressentent même de la colère de constater qu'elles sont décédées. Elles ne veulent pas mourir. Elles refusent systématiquement tout lien avec la mort et essaient de faire comprendre leur désarroi à leurs proches. « La négation ou le déni » est ici l'étape que le défunt doit vivre. Comme le temps n'est plus, elles peuvent visiter des gens et leur annoncer cette mort. Voici un exemple que j'ai personnellement vécu lors du décès de ma mère, Francine, en 2003.

C'était le 27 novembre et ma mère était, depuis quelques jours, dans un coma provoqué par la morphine. Atteinte du cancer, on ne pouvait plus rien pour elle. Je suis passé la voir durant la journée et lui ai chuchoté à l'oreille que c'était assez, qu'elle devait cesser de se battre et qu'elle pouvait penser à elle. Je lui dis que je reviendrais plus tard mais qu'elle devrait avoir quitté.

Je suis allé chez-moi prendre une douche et jaser un peu avec une de mes sœurs et mon cousin. Après ma douche, les lumières ont commencé à clignoter, comme si les ampoules allaient bientôt griller. Toutefois, il ne s'agissait pas d'une seule ampoule, mais bien du lustre au complet.

Je suis sorti de la salle de bain et ma mère était là, dans le couloir, à me saluer et m'envoyer la main. Au moment où elle m'envoya un baiser soufflé, elle disparut complètement. J'ai aussitôt appelé à l'hôpital mais la ligne était engagée. Il était 18h11; je me souviens d'avoir automatiquement regardé l'horloge de la cuisinière au même moment.

. Dès que j'eus raccroché le téléphone, il se mit à sonner. C'était mon père qui me disait que ma mère venait de partir, à 18h10 précisément. Au même moment, mon autre sœur, qui déménageait ce jour-là, a vu sa voiture stationnée devenir folle. Les phares clignotaient, le système d'alarme s'est déclenché, la radio, dont le volume était très fort, s'est également mise de la partie. Ma sœur était très fière de sa voiture, une belle Mustang rouge, mais ma mère savait que c'était de cette manière qu'elle comprendrait ce qui venait d'arriver.

Au même instant, l'horloge chez mon oncle cessa de fonctionner, ce n'était pas la pile qui était morte mais bien l'horloge elle-même et qui indiquait l'heure du décès de ma mère. La même chose s'est produite chez un autre membre de la famille. Voyez-vous, même si tous ces évènements ont passé pour être du hasard ou une drôle de coïncidence, tous ont compris que ma mère venait de partir. En moins d'une minute, elle avait réussi à faire quatre visites pour annoncer son départ.

Le temps est une chose du passé dans l'invisible. Seul l'humain a inventé le temps. Le temps ne se compte plus en minutes, en heures ou même en années. Comme il y a abstraction de temps, l'âme du défunt ou de la défunte peut visiter des gens en un espace-temps restreint. Souvent même, les défunts perdent cette notion du temps. Ils se fient à ce qu'ils ou elles voient aux alentours dans nos vies pour comparer le temps. Par exemple, lorsqu'ils voient des décorations de Noël, les couleurs et les feuilles d'automne, le jour, la nuit, etc. Ils ne récupèrent jamais vraiment cette notion temporelle mais s'adaptent à notre temps.

C'est dans cette période de temps que survient le plus grand nombre de manifestations de l'ordre du paranormal. Bruits de pas, craquements, voix soudaine, etc. L'entité du défunt tente de faire comprendre sa présence par des moyens qu'il ne comprend souvent pas lui-même. La plupart du temps, l'esprit des gens ne comprend pas que ceux-ci soient décédés. Ce n'est pas encore l'étape du tunnel et de la lumière alors comme ils attendent cette étape, ils ne comprennent pas cette attente.

Notre éducation majoritairement catholique nous expliquait que nous passerions tout de suite à la vie éternelle mais ne parlait aucunement de cette réalité. Il est normal, lorsque nous sommes en terrain inconnu, d'avoir ces craintes et ces peurs.

Troisième étape : les funérailles

Plusieurs croient que les funérailles ne sont vraiment pas ou peu nécessaires. Que ce processus engendre des dépenses onéreuses et inutiles et qu'il s'agit souvent d'une mascarade déguisée. C'est peut-être vrai pour certains et je respecte cette croyance mais, voyez-vous, les funérailles sont un point culminant des étapes du deuil et également du passage du défunt.

Depuis que le monde est monde, nous organisons des funérailles pour nos défunts. Pour nous, survivants, d'offrir de belles funérailles à nos proches disparus, c'est un peu comme leur adresser un dernier salut, leur rendre un ultime hommage et célébrer notre tristesse de le ou la voir partir car il y a autant de bonnes et mauvaises raisons qui justifient l'organisation de funérailles qu'il y a de funérailles. Mais en réalité, l'une des véritables raisons qui justifient les celles-ci c'est de nous déculpabiliser.

Lors de la mort d'un proche, on se sent toujours inférieur à la situation et nous essayons de faire en sorte qu'il ou elle ait les plus belles funérailles afin de se faire pardonner, et c'est souvent dans l'inconscient et sans justification, d'avoir peut-être eu des manquements dans la vie de l'autre. À ce moment-là, notre subconscient s'imprégnera des images de ces funérailles et nous permettra, à nous survivants, de passer plus facilement à travers le processus du deuil, à notre vie après la mort.

Pour le défunt, c'est une étape importante dans son processus de mort et d'acceptation. Il verra ses funérailles et même souvent y assistera. Cela permet à l'entité de comprendre qu'il a atteint le point de non-retour, que tout est bien terminé et que nous avons décidé de l'honorer et de continuer notre vie. Que ce soient des funérailles simples, intimes ou grandioses importe peu. L'important c'est que, à l'image du défunt, ses funérailles soient organisées un peu pour dire à l'entité : « Regarde la belle fête que tu as, tu vas me manquer mais je dois continuer ma vie. » L'âme de la personne défunte assistera à une partie de ses funérailles donc, demeurez alertes car je dirais que 90% des âmes ont besoin de voir cette célébration pour comprendre la réalité de la mort.

Qu'elles soient de diverse nature religieuse, familiale ou même individuelle, les funérailles doivent être le reflet du passage du défunt.

Par le passé, à mon cabinet, j'ai souvent vu des âmes disant à leurs familles et amis que leurs funérailles étaient touchantes mais qu'ils n'ont compris qu'après quelques instants que c'était les leurs, car rien ne leur ressemblait. Il est important de respecter les demandes du défunt, car après tout, c'est son dernier salut, sa révérence vers l'autre monde.

Marcel suivit Marie à l'église et quelle ne fût pas sa surprise de constater que l'église était bondée de gens qu'il avait connus tout au long de sa vie. Les fleurs abondaient et jonchaient le sol à l'avant de la petite église du village. Ses enfants Brigitte, Éric et Sébastien ainsi que ses petits-enfants étaient là au premier rang. Ceux-ci étaient en larmes et même Océane, sa petite-fille de cinq ans, était là, auprès du cercueil, à cogner dessus en disant à son Papy de sortir de là. Une image déchirante pour Marcel.

Ses collègues de travail étaient également là. Tous étaient venus lui rendre un dernier hommage. Marcel demeurait à l'avant de l'église avec son guide de vie et celui-ci lui disait qu'il devait assister à ses funérailles, même si c'était difficile car c'était pour lui l'étape de l'acceptation, le moment de comprendre que pour lui, tout était terminé.

Marcel était d'abord surpris d'être dans une église et qu'il y ait autant de monde et de fleurs car il avait dit à sa conjointe qu'il ne voulait pas que ses funérailles soient grandioses. Parce qu'il était un homme simple, il avait demandé à Marie d'organiser quelque chose de simple. Comprenant que c'est par amour qu'ils avaient organisé une telle célébration hautement décorée, Marcel prit sur lui et écouta ce que les gens disaient de lui. L'émotion était à son comble, surtout quand Sébastien, le plus jeune fils de Marcel, s'avança à l'avant pour lire un texte qu'il avait composé et qui relatait la vie de son père. Quelle immense dose d'amour pour le défunt. Une fois la cérémonie terminée, Marcel décida de ne pas les suivre au cimetière car de toute façon, il avait toujours détesté ces endroits qu'il qualifiait de lugubres et d'épeurant..

Il faut que vous compreniez que les âmes des défunts conservent une partie de leurs émotions après la mort et lors des funérailles. Elles servent à comprendre la situation et éventuellement à accepter le point de non-retour.

Cette dernière affirmation en ont fait sursauter plusieurs sur le fait que nous gardions une partie de nos émotions après la mort mais elle est véridique. Une partie de nos émotions reste présente au niveau de notre âme et, comme le corps physique n'est plus présent, les émotions demeurent pendant un bon moment : joie, peine, tristesse, fierté et plusieurs autres émotions vibrent à travers nos défunts, le temps de leur passage vers la lumière et, par la suite, certaines de ces émotions s'atténueront avec le temps telles que la colère, la tristesse et toutes les émotions négatives du même genre.

Voici un autre fait vécu par une de mes clientes prénommée Johanne :

Johanne vivait le plus grand drame de sa vie de mère. Sa fille de 22 ans, danseuse professionnelle de ballet, était disparue depuis 2 ans. Elle avait quitté l'école de danse le soir et n'était jamais revenue chez-elle. Johanne et sa famille attendaient toujours le retour de sa fille mais à l'intérieur d'elle-même, elle se doutait bien que sa fille n'était plus de ce monde. Depuis quelques mois, elle rêvait continuellement de sa fille qui lui souriait et lui disait de ne pas pleurer qu'elle était maintenant libérée. Johanne voulait en savoir plus sur ce rêve et doutait que la présence qu'elle ressentait auprès d'elle était bien celle de sa fille.

Lors d'une consultation, nous avons eu une manifestation de sa fille qui lui racontait ce qui était arrivé. Elle nous donna même les informations sur ses agresseurs et des images de l'endroit où était son corps. Elle disait à sa mère qu'elle devait la libérer, qu'elle était retenue à elle et ne pouvait plus avancer vers la lumière. Après avoir donné les informations aux autorités, elle décida d'organiser des funérailles simples pour sa fille et ce, même si le corps n'avait pas encore été retrouvé. Elle appela ses amies de la troupe de danse, ses proches et m'invita même pour cette petite cérémonie simple, mais pleine d'émotions. Je n'ai pas l'habitude d'aller aux funérailles organisées par des clients mais pour celle-ci, j'ai fait une exception et je ne l'ai pas regretté.

Nous nous sommes rassemblés au bord de l'eau, en bas du fleuve et tous étaient invités à écrire un petit mot à la demoiselle. Ces mots furent ensuite déposés chacun à l'intérieur d'un ballon gonflé à l'hélium et enrubanné. En tout, 41 ballons furent gonflés et à l'extrémité des rubans, Johanne attacha les chaussons de ballet de sa fille. Chacun y alla de son petit mot sur la disparue et Johanne me demanda de prononcer les dernières paroles. Aussitôt terminé, elle laissa s'envoler le bouquet de ballon qui monta rapidement très haut dans le ciel.

Au même moment, un rayon de soleil sortit d'entre les nuages pour éclairer le fleuve et, dans ce rayon, flottait le bouquet de ballons. Une image épique. Johanne se sentait le cœur gros car son deuil devait commencer mais elle se disait assurée que tout irait mieux maintenant qu'elle lui avait parlé. Un mois, jour pour jour après les funérailles, Johanne reçut un appel des autorités américaines. Ils avaient retrouvé le corps de sa fille exactement là où les informations que nous avions transmises les avaient menées. Quelle libération pour Johanne et sa famille. Les funérailles qu'elle avait organisées pour sa fille lui avaient non seulement permis, à elle et aux amis de sa fille, de faire leur deuil mais également de libérer sa fille et de permettre de retrouver son corps et de faire arrêter les coupables.

L'important à retenir au niveau des funérailles est que la seule ligne de conduite est le respect du défunt ou de la défunte. Un petit conseil : depuis que je pratique, j'ai vu depuis des familles déchirées en raison du manque de communication ou de la ligne de conduite à tenir face aux funérailles de leurs proches disparus. N'attendez pas qu'il soit trop tard et dites, ou même mieux, faites faire un acte notarié, qui précise à vos proches vos dernières volontés pour la tenue de vos funérailles. Ainsi, les gens n'auront pas à se disputer pour des détails techniques et pourront vivre leur deuil paisiblement.

Quatrième étape : la Lumière ou l'errance

Il n'est aucunement garanti que chacun de nous prenne le chemin de la lumière après sa mort. Aucune personne ne vous obligera à choisir cette sphère des dimensions que nous appelons Lumière ou paradis, Éden, repos éternel, etc. C'est votre choix. Une fois que le défunt a vu ses funérailles et est prêt à passer à autre chose et à un autre niveau, il peut décider d'aller vers cette lumière. Par contre, ce n'est pas quelques choses que nous trouvons en le cherchant mais elle est bel et bien accessible par notre seule volonté. Comme cette sphère du temps est en réalité le repli de la 5e dimension, il est normal que ça ne se trouve pas en claquant des doigts.

Lorsque le défunt est prêt, qu'il a réalisé le point de non-retour et qu'il est arrivé à l'étape de l'acceptation du deuil, si sa volonté de trouver cette lumière est plus forte que tout, elle s'ouvrira devant lui sans même qu'il la cherche.

Marcel avait compris qu'il ne pouvait plus rien pour Marie et pour ses enfants. Malgré sa tristesse de les abandonner, il décida qu'il valait mieux pour lui continuer son chemin car son père Charles lui avait dit qu'il serait là, dans la Lumière, à l'attendre et pour l'accueillir. Il décida de faire l'acte de foi suprême et voulu aller vers la lumière. Devant lui, la vision de la réalité se mit à devenir plus lumineuse, comme si une grande lumière se trouvait derrière l'image qu'il voyait et que celle-ci s'effaçait pour faire place à un tunnel énorme. Il choisit de suivre celui-ci sans se retourner. Il avança avec hésitation mais, quelques instants après, il vit une silhouette s'avancer vers lui.

Son frère Fernand, décédé quelques années auparavant, était là, son père Charles aussi. Tous deux l'ont rassuré et l'ont invité à les suivre. Il vit aussi sa grand-mère Béatrice qu'il aimait beaucoup. Plus il avançait, plus les visages qu'il voyait lui disaient quelque chose mais il ne s'en souciait pas. Un grand homme lumineux s'est joint à eux. C'était le guide de vie de Marcel. Il se plaça derrière lui et tous avancèrent vers cette magnifique lumière. Marcel se sentait bien même si le petit pincement au cœur d'avoir dû laisser sa famille était toujours là. Sa curiosité naturelle faisait en sorte qu'il voulait voir de l'autre côté de cette lumière. Il traversa enfin le bout du tunnel pour arriver dans la lumière.

Son frère lui dit que maintenant, tout n'était pas terminé, que ça commençait et il l'invita à le suivre car il y avait des gens qu'il n'avait pas vus depuis longtemps qui étaient encore ici et qu'il serait sûrement heureux de les retrouver

Il est important de comprendre que ce n'est pas aussi facile pour tous.

Plusieurs ne veulent pas encore partir ou sont retenus par des gens qui ne peuvent survivre à leur départ. On entend souvent les phrases suivantes :

« Je t'en prie, ne pars pas! »

« S.v.p. ne m'abandonne pas, je ne pourrai pas vivre sans toi! »

« Prends-moi avec toi, je ne veux pas vivre! »

Ce sont des phrases qui peuvent sembler anodines à première vue pour certains mais pour le défunt, qui est encore pris dans ses émotions, cela peut faire qu'il se retient de partir. En réalité, une connexion invisible s'établit entre l'âme du disparu et l'âme du survivant et provoque une perte de l'énergie du défunt qui se sentira relié et attaché à la personne. Seules une volonté de fer et/ou l'aide d'un être de lumière peuvent briser ce lien qui unit ces personnes ensemble.

Le problème est que si le défunt lui-même décide de se relier à ses proches, il perdra son énergie et se retrouvera à errer, souvent dans la maison. Il pourra même s'en prendre à une personne; c'est ce qu'on appelle une possession de premier niveau. Cette entité restera tant et aussi longtemps qu'il ou elle ne décidera pas de partir ou qu'une personne pratiquant les nettoyages de lieux ou la passation des âmes ne libère cette âme de cette emprise qu'il ou elle s'est mise. Attention, ces cas de possession sont en majorité très simples : c'est en leur parlant, en leur expliquant qu'ils doivent passer à autre chose et en les rassurant que nous progresserons dans le deuil et que nous poursuivrons notre vie à nouveau. Ces âmes comprennent généralement rapidement et passent à la lumière.

Il arrive que certains d'entre eux ne veuillent pas quitter et que nous ayons affaire à une possession de lieux ou de personnes de type deux.

C'est là que souvent certaines âmes du bas astral (négatif) tournent autour de ceux-ci et essaient de nous amener vers cette dimension sombre qu'est la Noirceur.

La plupart des gens choisissent la Lumière et très peu la Noirceur mais comme leur taux énergétique devient de plus en plus faible, nous comprendrons qu'ils deviennent vulnérables à ces attaques. À ce moment-là, il faut retenir les services d'un professionnel mais nous en reparlerons dans le chapitre « maison hantée ou hantise »

Une fois prêt à la Lumière et quand devant nous l'ouverture se fait, nous voyons un grand tunnel. Ce n'est pas un tunnel d'autoroute ou un tunnel de pont, mais une grande lumière attirante au bout d'un néant sombre qui donne l'illusion d'un tunnel.

Aussitôt que nous commençons à avancer, nous reconnaissons des gens que nous avons côtoyés durant notre vie et qui sont encore présents dans cette lumière. Ils sont là pour nous accueillir. Plus nous avançons et plus nous voyons des gens que nous pensons fondamentalement avoir reconnus mais dont les visages ne nous disent rien. Ce sont des âmes côtoyées dans les vies passées. La Lumière au bout de ce tunnel est très attirante et même apaisante. Sa luminosité est très forte mais pas aveuglante. Il est important, pour le défunt ou la défunte, de ne pas revenir en arrière car ce que la plupart des gens ignorent, et c'est un peu la raison de l'hésitation à partir vers l'autre niveau, c'est qu'une fois de l'autre côté de la lumière, ils et elles pourront revenir dans cette sphère qu'est la nôtre pour un moment.

Une fois passée cette lumière, l'âme du défunt accède à un néant où il n'y a pas de murs, de planchers, de plafonds mais où réside une paix incroyable qui est ressentie dès cette lumière franchie. Une musique vibratoire, d'une sonorité incroyable, qu'aucun instrument de musique « terrestre » n'a pu reproduire, nous accompagne.

Nous pourrons alors voir des gens que nous n'avons pas vus depuis longtemps et cette insécurité de la mort s'atténuera de plus en plus pour faire place à une paix intérieure. L'âme n'a plus connaissance du temps, mais entend toujours les gens lui parler. L'âme de la personne peut enfin vivre sa paix, son acceptation.

Attention, certaines personnes ont affirmé avoir vu des maisons, des tours, même des restaurants. Il n'en est point. Je crois que ces fabulations, que certaines personnes ont vécues sous sédatifs lors d'une soit disant mort éminente, ne sont que le fruit de l'imagination de ceux-ci ou le fantasme créé par le cerveau en collaboration avec une grande dose de médicaments.

Les autres sphères du monde sont peut-être conçues ainsi mais la Lumière, elle, n'est pas prise dans ces supposées structures.

Pour certains, nous sommes au ciel à regarder passer des âmes à travers les nuages. Personnellement, je crois qu'il faut faire attention et ne pas tout prendre pour la réalité. Tout ceci est bien beau : les édifices de cristal, etc. mais dans un néant sans structures, peu d'établissements peuvent y être soutenus. C'est l'une des nombreuses pensées du domaine d'un parallèle de l'ésotérisme à laquelle je ne me rallie pas.

Je joins ici un petit graphique expliquant un peu le processus de mort du défunt et son ascension vers la lumière ou son errance. Une simple vulgarisation, mais on dit toujours qu'une image vaut mille mots.

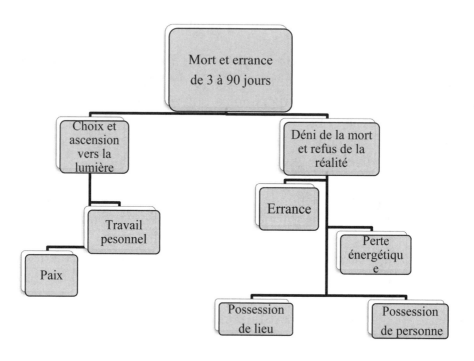

Cinquième étape : les visiteurs

La plupart des entités, après leur passage à la lumière, ressent le besoin de prendre le pouls et des nouvelles des gens qu'ils ont laissés. Pendant un moment, il est facile pour eux de passer de la lumière à notre plan terrestre. Qui n'a jamais ressenti une présence auprès de lui dans l'invisible? Qui ne s'est jamais senti observé dans sa maison? Il n'est pas rare de ressentir les présences de ces entités car effectivement, ils ou elles nous voient.

Marcel entendait souvent sa petite-fille Océane lui parler et elle disait à son Papy-ange qu'elle s'ennuyait beaucoup.

Marcel allait souvent voir sa petite-fille et la regardait dormir afin de se constater que tout allait bien. Océane s'est aperçue qu'elle voyait souvent son grand-papa auprès d'elle. Il lui souhaitait un bon dodo et lui faisait un clin-d'œil. Elle le disait à Brigitte, sa maman, mais parce qu'elle était prise par sa peine, elle refusait de croire sa fille et se rassurait en se disant que c'était son imagination d'enfant qui la faisait agir ainsi. Pourtant, à chaque fois que Brigitte allait dans le salon et parlait à son père en regardant sa photo de famille sur le manteau du foyer, celle-ci se sentait observée. Comme si quelqu'un était dans la pièce avec elle. Marcel était là, derrière elle et vivait en même temps qu'elle l'émotion que sa fille vivait.

Les défunts ont plusieurs façons de communiquer avec nous, les vivants. Ils vont souvent tenter de nous faire comprendre leur présence ou parfois, il y a certains messages qu'ils essaient de nous livrer de l'au-delà. Depuis que l'homme s'est découvert une passion pour les questions de vie après la mort, plusieurs façons ont été répertoriées. Souvent plus farfelues les unes que les autres, il faut demeurer vigilants car toutes les âmes n'ont pas ou ne ressentent pas le besoin de communiquer et certains de ces soi-disant moyens laissent beaucoup à désirer. Depuis bientôt 19 ans d'expertise dans mon métier, j'ai pu répertorier plusieurs façons réelles que les âmes utilisent pour communiquer avec nous. Il faut surtout être attentif et les laisser venir à nous. On doit comprendre que ce n'est pas toutes les entités et les défunts qui ont besoin de communiquer avec leurs proches. Souvent, lorsque tout est réglé, qu'il n'y a plus rien à dire, les âmes préfèrent veiller sur nous et avancer dans leur processus de mort.

Les méthodes de communications des âmes les plus fréquentes sont :

* par le rêve

* par les lumières et appareils électriques divers

* par le toucher

* par les enfants et les animaux

* par personne interposée ou messager

* par manifestations d'ordres physiques

Il y a plusieurs autres formes de communication que les défunts empruntent pour communiquer avec nous. Cette liste n'est qu'un résumé des plus fréquemment utilisées. Je les analyserai pour vous dans le prochain chapitre. « Les visiteurs », comme j'aime les appeler, sont ces âmes qui ne peuvent s'empêcher d'être fréquemment à nos côtés, comme si la vie continuait pour eux et c'est généralement le cas pour approximativement 80% des âmes défuntes. Comme il y a absence de temps pour eux, ils peuvent être avec nous pendant un moment mais doivent constamment, pour ceux ayant choisis la Lumière, retourner auprès de celle-ci pour refaire le plein d'énergie et de revenir comme bon leur semble.

Les âmes viennent communiquer avec notre monde pour diverses raisons, entre autres :

* régler des choses du passer non terminées

* rassurer un proche pris avec des difficultés face au deuil

* veiller sur ceux qu'ils ont aimés

* accompagner un proche malade ou sur le point de décéder

Ce ne sont là que quelques-unes des raisons pour lesquelles les âmes de nos défunts communiquent avec nous.

Je crois qu'il y a autant de raisons à cette communication que de défunts eux-mêmes et toutes les raisons sont aussi bonnes les unes que les autres. Les manifestations sont souvent floues et nous ne sommes pas certains qu'il s'agisse bien des nôtres ou si c'est le fruit de notre imagination. Il est important de comprendre également que ce n'est pas tous les défunts qui ressentent le besoin de communiquer.

Certaines personnes me disent souvent : « Pourquoi, depuis que mon père est décédé, n'ai-je jamais reçu de signes ou de messages? » Eh bien, c'est sûrement que le père en question ne ressent pas le besoin de communiquer ou ne sait tout simplement pas comment faire. Il arrive parfois, on le constate souvent chez les personnes âgées, que les gens aient peur de nous déranger et évitent ainsi les contacts et les signes distincts et préfèrent prodiguer seulement une certaine forme de surveillance. Voici un exemple concret qui est arrivé à un de mes clients prénommé Jacques.

Jacques avait perdu son père Jean-Paul depuis 2 ans. Il s'était beaucoup occupé de lui pendant cette longue maladie qui avait laissé son père muet pendant plus d'un an avant sa mort. Jacques était le bébé de la famille et ses frères et sœurs étaient tous près de lui. Une famille sans histoire, sans chicane, des plus joyeuses et aimantes. Mais Jacques restait toujours dans le doute de savoir s'il avait tout fait ce qui était en son pouvoir pour aider son père pendant ses derniers mois de vie. Même s'il allait lui parler au cimetière et lui faisait brûler des lampions à l'église en raison de la grande foi de son père en Dieu, rien à faire. Aucun signe de son père Jean-Paul. Beaucoup de frustrations, de questionnements, car 2 de ses sœurs disaient avoir eu des manifestations de leur père et sa mère qui disait ressentir la présence de son mari auprès d'elle, le soir dans son fauteuil. Jacques ne comprenait pas et se sentait vraiment coupable.

Un beau jour, il me rencontra dans un centre commercial et me félicita pour mon travail et me posa la question suivante :

« Pourquoi mon père ne me fait-il pas de signe à moi alors que mes sœurs et ma mère en ont eus elles? Est-il fâché contre moi? » Je lui expliquai de demander clairement à son père, avant de se coucher, de venir lui faire signe et de laisser aller les choses (exercice du message de rêve, chapitre communications des défunts). Plusieurs soirs d'affilée et ce sans grand succès, il tenta l'expérience.

Il décida donc de communiquer avec moi à mon cabinet et m'expliqua que les seuls signes qu'il avait eus de son père étaient ces rêves un peu flous où il voyait son père sur le quai, à leur chalet d'été, tout souriant et qu'il disparaissait rapidement. J'ai dit à Jacques que son père lui avait fait son signe : « Ton père ne parlait pas beaucoup mais il le faisait avec ses yeux et lorsqu'il était bien, il se contentait de sourire. Jean-Paul est peu loquace mais tout est dans son regard. De plus, il a choisi de se faire voir au chalet, VOTRE endroit où vous passiez de longs moments à la pêche quand tu étais petit».

Au bout du fil, le long silence de Jacques en disait long sur sa compréhension de ce que je venais de lui dire et il comprit que son père voulait seulement le rassurer et qu'il était toujours présent. Il prit donc rendez-vous avec moi afin d'en avoir le cœur net une fois pour toutes. Lors de cette rencontre, nous avons eu la chance d'établir un contact avec son père Jean-Paul. Jacques demanda à son père pourquoi il ne venait pas le voir. Voici une transcription d'un passage du contact enregistré sur cassette (merci Jacques de me permettre d'utiliser ce passage de ta magnifique histoire).

« Mon gars, je ne pourrai jamais oublier tout ce que tu as fait pour moi, la famille et ta mère. Je suis un homme privilégié d'avoir un fils comme toi. Tu sais Jacquot, je ne sais pas par où commencer mais une chose est certaine, c'est que je vais te voir aussi souvent que les autres, mais comme tu as pris soin de moi pendant tout ce temps, tu dois reprendre ta vie en main et continuer à vivre sans ton vieux père.

Je ne voulais pas déranger ta nouvelle vie, ton nouveau travail et je sais que tu as beaucoup de nouvelles responsabilités. J'ai donc préféré me faire discret. Je t'entends souvent me dire que tu n'as pas fait suffisamment pour moi et à ça, je te répondrai, petite tête de bois, que tu as fait plus que plusieurs n'ont fait, tu t'es oublié pour moi pendant des mois, tu as mis de côté TA famille pour être certain que je ne manquais de rien et pour décharger les épaules de ta mère...Je ne sais pas quoi te dire de plus. Oui c'est vrai que t'as oublié quelque chose pendant que tu t'occupais de moi...TOI!

Tu sais mon gars, je ne suis pas trop habitué avec tout ça, les émotions et de parler comme ça, mais si je suis venu aujourd'hui te parler c'est que je n'ai rien à régler avec toi, tout est au beau fixe, je n'ai que de bons souvenirs et de bons moments avec toi surtout vers la fin. J'aurais aimé te dire que je t'aime plus souvent, mais tu sais, ta mère a toujours dit que je suis un vieil entêté et que je ne parle pas assez. Mais crois-moi, dans mon cœur, tu as une grande place. On se revoit au chalet, on a du temps pour pêcher un peu... En passant, tu tiendras la ligne parce que moi, je crois que j'ai perdu le tour, elle me passe entre les doigts »

Le message continuait mais en raison de la confidentialité, je ne poursuivrai pas. La fin de semaine suivante, Jacques est allé au chalet et s'est assis au bord du quai avec sa bière. Il en a ouvert une pour son père et a jasé avec lui pendant plus de deux heures. Voici le courriel que Jacques m'a envoyé dès son retour :

Bonjour Christian, c'est moi Jacques. On a eu un rendez-vous la semaine dernière avec mon père qui ne jase pas beaucoup, la pêche, etc. Écoute, c'est génial. Je suis allé sur le quai avec ma canne à pêche, mes bières et me suis assis dans la grande chaise sur le bout du quai. J'ai mis ma ligne à l'eau et je me suis ouvert une bière. J'en ai ouvert une à mon père aussi, mais je ne sais pas pourquoi...il ne l'a pas bue! J Sans farce, il faisait très chaud en fin de semaine et quand je lui parlais, j'avais toujours un courant d'air froid dans le cou comme si j'avais l'air conditionné dirigé sur moi.

Je lui ai jasé pendant un bout de temps et je lui ai tout dit ce que j'avais sur le cœur. Je ne sais pas si tu vas me croire, mais je ne suis pas fou! J'ai demandé à mon père de me faire un signe, même si je savais qu'il était là. Au même moment, un canard sauvage, tu sais celui avec la tête verte là, est venu juste à côté de moi sur la chaise de mon père et il me fixait et jacassait comme ce n'est pas possible, comme si mon père me parlait. Puis il s'est mis à « picosser » la canette de bière. Mon père était un méchant moineau, mais là…un canard! Je suis sûr que c'était lui qui m'as envoyé ce signe-là car je lui ai dit (au canard) que je savais maintenant qu'il était avec moi alors si c'était lui, il pouvait y aller, je ne le retenais pas. Crois-moi, crois-moi pas, le canard est parti! Je t'écris ça là et j'en pleure encore, mais ce sont des larmes de joie. Merci pour tout Christian, tu es vraiment un être extraordinaire et toi aussi tu es un méchant moineau.

Un homme sceptique, mais qui parle maintenant aux canards,

Jacques

Jaques n'est pas le seul à vivre des histoires comme celle-là mais il a bien voulu me permettre de l'utiliser pour vous illustrer mes propos. Merci Jaques et bonne continuité.

Sixième étape : le film de vie & l'analyse des Karmas

Plusieurs personnes ayant eu des EMI (expérience de mort éminente) disent avoir vu leur vie défiler comme un film, comme si toutes les images défilaient les unes après les autres à une grande vitesse. C'est en partie vrai. Lorsque le cerveau s'éteint, il réagit comme un ordinateur lorsqu'on le reformate, il y reste des fichiers qui s'effacent rapidement. Par contre, le film de vie est réellement comme un film que le défunt voit quelques années après sa mort. Il relate tous les moments de sa vie. Depuis le début de l'incarnation jusqu'à sa mort. Il faut comprendre que tout ce qui nous arrive dans la vie, nous en sommes en très grande partie les instigateurs.

Il est certain qu'il faut comprendre que nous ne sommes pas entièrement responsables de tout car nous sommes souvent victimes, témoins et même quelques fois nous sommes imposés dans le chemin de vie des autres. Tout ce que nous avons fait ou dit qui peut avoir eu un impact important sur ce chemin de vie est inscrit dans ce que l'on appelle les « mémoires akashiques ».

Les mémoires akashiques sont un lieu où sont enregistrées les archives de la vie de chaque être humain, le bien qu'il a fait, le mal, ses erreurs, ses réussites, ses différentes incarnations, ses différents karmas. Des annales semblables à une inimaginable base de données informatiques dans lesquelle figurent, pour chaque être humain, l'enregistrement intégral de ses actions, paroles et intentions depuis le début des temps et bien au-delà, sans compter les probabilités qui sont engendrées par les événements passés, de ses actions et de ses pensées. Une sorte de bibliothèque où toutes les informations sont répertoriées. Le défunt doit voir ces informations qui lui sont montrées comme un film biographique sur sa vie.

Marcel, accompagné de son guide de vie, entre en un plan de la lumière où il est isolé des autres âmes et où il ne peut pas entrer en contact avec ses proches pour un moment. Son guide de vie lui explique la raison de sa venue en ce monde, sa mission et les karmas qu'il avait décidé de régler. Marcel doit analyser sa vie. Il voit sa naissance, sa famille, son enfance un peu difficile, son adolescence, sa rencontre avec Marie, etc.

Toutes les choses importantes que Marcel a vécues, il les voit comme sur un grand écran de cinéma dans l'invisible. Il doit voir également où il a eu du succès et où il a commis certaines erreurs. Marcel demande à son guide de vie la raison de tout cela. Celui-ci lui répond que ça lui servira pour sa prochaine incarnation.

On doit se juger nous-mêmes ainsi que nos actions car ce n'est pas Dieu qui nous juge mais bien nous-mêmes et comme nous sommes dépourvus de notre « égo », nous nous mettons à nu, face à face avec nous-mêmes. L'âme doit alors vérifier les karmas qu'elle a vécus par le passé et les raisons pour lesquelles il les avait apportés dans cette vie-ci et s'il les a réglés. La base de tout est l'équilibre donc, nous devons apporter un équilibre à nos incarnations.

Pourquoi sommes-nous isolés dans ce plan de lumière pendant cette étude du chemin de vie? Tout simplement parce qu'il serait trop tentant de vouloir corriger rapidement certaines erreurs afin de ne pas avoir à les corriger plus tard par l'apprentissage de vie. Une fois le film de vie passé et analysé, nous devons programmer cet équilibre que nous reporterons dans cette prochaine incarnation. Nous pouvons choisir de vivre certaines relations avec certaines personnes que nous avons côtoyées pendant cette dernière incarnation. Je développerai plus de détails sur ce dans le chapitre sur la réincarnation.

Septième étape : accompagnement dans l'invisible.

Une fois ce nouveau chemin de vie planifié, les âmes ont le choix de revenir rapidement si elles n'ont pas d'attaches à la terre comme des enfants, une œuvre non terminée, etc. La plupart décide de choisir la paix pour un moment, de prendre le temps de se reposer de cette vie qu'elle vient d'accomplir. Pour ceux qui ont des enfants, leur temps de veille sera prolongé car leurs âmes sont incomplètes. En effet, toute personne qui donne vie à des enfants insuffle une petite partie de son âme à l'intérieur de l'enfant pour toute sa vie et cette portion d'âme n'est récupérée que lors de la mort de cet enfant. La preuve, regardez un enfant d'un an : souvent il agit, bouge et a un comportement très similaire à celui de l'un de ses deux parents. C'est que la partie d'âme est un peu plus élevée d'un côté que de l'autre au niveau des parents.

Pour la plupart, les âmes qui restent à la Lumière choisissent de visiter, de veiller, et d'attendre ceux qu'ils aiment.

Lorsqu'on dit veiller, il faut faire attention de ne pas confondre avec protéger. Nous entendons souvent les gens dire:

« Mon père me protège, il ne peut pas rien m'arriver! »

« Maman aide-moi, protège-moi, ça ne va pas bien ces temps-ci. »

Les âmes défuntes ne peuvent pas nous « protéger », mais elles peuvent veiller et si un risque particulier se fait sentir, elles peuvent nous avertir de plusieurs façons. Exemple :

Éric, le fils de Marcel est un homme d'affaires qui voyage beaucoup. Sa voiture est vraiment l'annexe de son bureau. Comme il est souvent sur la route, il doit continuellement transiger avec des contacts par le biais du téléphone cellulaire. Un jour, alors qu'il roulait en direction de Québec en fin de soirée, il discutait avec son associé au bureau au sujet de certains contrats. La fatigue et le stress de la route le gagnaient de plus en plus et même le café n'avait pratiquement plus d'effet sur lui. De plus, la noirceur de l'autoroute ne lui donnait pas de chance.

Marcel, qui avait envie de voir son fils qui vivait difficilement son départ, était dans la voiture avec lui. Éric décida de détourner le regard de la route pour chercher sa prise de cellulaire car sa pile se déchargeait rapidement et il ne voulait pas interrompre sa conversation.

Il regardait dans son sac, du côté passager, sans voir que la route était en construction et que les véhicules ralentissaient rapidement. Marcel voyant ceci décida de toucher la radio d'Éric et le volume de celle-ci se mit à augmenter d'un seul coup. Éric sursauta et vit le véhicule arrêté devant lui. Il eut tout juste le temps d'appliquer les freins avant de percuter l'autre voiture devant lui. Marcel n'a pas protégé son fils, mais l'a averti du danger qu'il encourait en ne regardant pas devant lui.

Nous voyons que l'âme ne peut pas protéger directement ses proches mais peu avertir des dangers imminents. Il en est de même des demandes que nous faisons à nos proches décédés. J'ai souvent entendu des gens demander toutes sortes de faveurs à leurs défunts telles que :

« Aide-moi, donne-moi un travail. J'en ai besoin. »

« Je suis malade, peux-tu m'aider? »

« J'ai besoin d'argent là, fais quelque chose! »

« Mets sur ma route l'homme de ma vie! »

Les âmes défuntes ne peuvent pas vous donner ce genre de choses. Ça va à l'encontre du libre arbitre de chacun. Ils ne peuvent pas vous faire obtenir des choses, la santé, de l'argent ou toutes autres requêtes similaires. Par contre, ils peuvent veiller sur vous et nous faire sentir leur présence et déchiffrer leurs messages afin de vous donner le courage et la patience de passer à travers ces étapes de vie difficiles. Ils peuvent également demander à des êtres de lumière, qui eux ont le pouvoir d'aider un peu plus, d'intervenir. Il en est de même des questionnements sur l'avenir. J'ai souvent entendu, dans mon cabinet, des gens demander à leurs défunts :

« Maman, qu'est-ce qui s'en vient de bon pour moi? »

« Dis-moi si je vais garder mon amoureux longtemps. »

« Crois-tu qu'on va arriver par s'en sortir financièrement? »

Il faut comprendre qu'aucune entité défunte ne peut voir le futur. Aucun de nos défunts ne peut voir le plan de vie qui vous est destiné. Il ou elle peut commenter, conseiller, mais ne peut pas voir l'issue de ce plan de vie qui est le vôtre ou celui d'un membre de votre famille. Seule, encore une fois, une entité de haut niveau comme un guide ou ange peut voir ces détails.

J'ai remarqué que souvent les gens, suite au décès d'un proche, déposent leur propre vie entre les mains du défunt ou de la défunte. Comme si leur pouvoir décisionnel est maintenant entre les mains de leur proche décédé. Il faut revenir à la réalité, la vie doit être vécue par vous-même et non par ces gens qui ont vécu la leur également et qui n'ont aucunement le pouvoir de changer quoi que ce soit à votre plan de vie. Vous êtes le seul maître de votre vie.

Huitième et dernière étape: la plénitude

Suivant toutes ces étapes, la dernière est celle de la plénitude. Parmi les étapes du deuil, on pourrait la comparer à celle de l'héritage. L'âme du défunt ou de la défunte vit dans une paix supérieure. Il visite de moins en moins ses proches car le deuil ayant été fait, il n'a plus besoin de se faire ressentir aussi souvent qu'avant. Il veille quand même sur eux sans toutefois s'impliquer dans leur vie. Il travaille sur lui-même, veille sur ceux qu'il aime, fait quelques fois de petites visites lorsqu'il le juge nécessaire mais la majeure partie de son temps, il réside en ressentir, vibrer et vivre cette plénitude à laquelle il ou elle a droit. Lorsqu'un ou une des personnes qu'il a aimées est sur le point de décéder, il en est averti et peut se préparer à aller accompagner cette personne.

Marcel voit sa famille renaître après sa mort. Sa femme a refait sa vie et il en est très heureux car elle ne méritait pas de vivre seule le reste de sa vie. Il voit ses enfants progresser et même ses petits-enfants vieillir. Lorsqu'il repense à son existence, il est fier des accomplissements qu'il a faits. La peine est disparue mais, à l'occasion, un petit pincement au cœur se fait sentir lorsqu'il voit que sa famille le salue et lui parle ou qu'ils honorent leur père. Marcel est en paix. Il a vécu beaucoup d'émotions, tant positives que négatives mais maintenant qu'il a su mettre l'équilibre dans tout cela, il peut vivre sa liberté et sa plénitude.

Le jour où ce sera le tour de Marie de venir le rejoindre, il sera là pour l'accompagner dans toutes les étapes du processus difficile mais combien apaisant qu'est la mort! Il en fera de même pour ses enfants. Il s'en est fait la promesse.

La mort physique n'est pas une fin mais bien un passage irréversible de la naissance. C'est une étape de la vie de votre âme. Il faut savoir la vivre et non la combattre. Cessons d'être égoïstes et de vouloir garder nos proches défunts auprès de nous. Grandissons dans cette vie et cette réalité que nous partageons ensemble…La vie après la mort!

Le denier acte: le suicide & les limbes

Il y a une étape supplémentaire qui se joint au lot des étapes précédentes et elle n'est attribuée que lorsqu'une personne commet l'irréparable atteinte à sa propre vie, c'est-à-dire lorsque cette personne se suicide. Je conçois qu'il est difficile de comprendre cette étape, et croyez-moi, je sais ce dont je parle ici. J'ai, dans ma vie personnelle et professionnelle, vécu plusieurs événements relatifs au suicide et perdu beaucoup de gens qui étaient près de moi de cette façon. Le suicide est, en majorité, un désir de faire cesser les souffrances. La personne qui les vit veut simplement que ça s'arrête. Très peu de personnes veulent vraiment mourir mais il en résulte la même conclusion fatale. Les données les plus récentes de l'Institut national de santé publique du Québec (INSPQ) indiquent que 1 103 personnes se sont enlevé la vie par suicide au Québec en 2008, soit environ 3 suicides par jour. Il ne faut pas juger les gens qui commettent ce dernier acte de désespoir.

Il n'y a pas de gagnants par cet acte, seulement des perdants, tant pour l'âme qui se suicide que pour la famille de celui ou celle qui commet l'acte. Souvent, la personne ne laisse pas de message et nous demeurons dans l'ignorance et le questionnement des motifs du geste mais l'important, à ce stade, c'est de respecter les gens qui ont commis ce geste.

Lorsque la personne se suicide, elle verra certaines des mêmes premières étapes qu'une personne qui ne se serait pas suicidée telles que : la mort, les 3 à 90 jours d'errance ainsi que ses funérailles.

Le dernier acte se situe juste après cette étape. Après les funérailles, l'âme est directement reconduite aux limbes. Cet endroit que l'Église catholique appelle également « le purgatoire » est en réalité la première couche de l'enfer. Certains l'appellent aussi « le bas astral ». L'âme ne résidera pas en permanence à cet endroit, mais devra, pour comprendre son parcours, y résider quelque temps afin de saisir la portée et d'accepter le geste fatal qu'elle vient de commettre et également pourquoi elle l'a commis. Ce n'est aucunement une forme de punition mais bien d'exutoire où l'âme doit régler cette triste impasse qu'elle a provoquée.

Les limbes sont un endroit très négatif où il y a absence de joie et de lumière. Les âmes négatives n'ayant pas choisi la Lumière, les suicidés, les meurtriers, etc vont effectuer un séjour temporaire en cette noirceur. Par contre, peu de gens y restent et la majorité choisit, une fois qu'ils ont compris les raisons de leur passage en ce lieu, d'aller vers la Lumière. Si la personne choisit la voie de la Lumière, elle passera facilement en notre monde et par la suite, par les mêmes étapes que tous les autres. Par contre, un faible pourcentage de gens décide de rester et même d'approfondir la connaissance de leur cheminement dans cette noirceur. Lorsque l'âme est dans les limbes, elle entend tout ce que nous lui disons, mais ne peut en aucun cas, communiquer ou faire des signes flagrants. Il ne faut pas croire ceux qui disent que dans les limbes, ils ont reçu un message d'un suicidé. La seule façon de pouvoir recevoir des nouvelles d'une personne qui est dans les limbes, c'est par le biais d'un guide qui peut traverser ces limbes et prendre des nouvelles. Par contre, ce processus est très complexe et il vaut mieux attendre que ceux-ci soient sortis des limbes et se mettent en route vers la Lumière. Les messages sont plus positifs et nous ne perturberons pas leur cheminement.

La plupart du temps, l'erreur que nous faisons est de dire à ces gens que nous acceptons le geste qu'ils ont posé. Aucune personne si intelligente soit-elle ne peut accepter le fait qu'une personne se donne la mort! C'est aberrant de croire qu'une personne ne peut vivre avec la mort de quelqu'un sans que ceci n'apporte son lot de questionnements et d'interrogations en tenant compte des émotions. Alors, pourquoi dire à ces gens qu'on accepte ce qu'ils ont fait? Il est certain que, pour notre deuil personnel, nous devrons éventuellement passer par cette acceptation mais de dire à cette entité que nous acceptons le geste, c'est comme si nous lui disions que ce qu'il a fait était correct, que nous sommes d'accord avec son geste, alors que c'est le contraire.

Voici une formule simple que vous pouvez dire à ces gens lorsque vous communiquez avec ceux-ci :

« (Nom de la personne), je ne peux pas comprendre le pourquoi du geste que tu as posé, je ne peux pas accepter ça, mais je t'aime tellement que je respecte le choix que tu as fait. Je t'en prie, va vers la Lumière, ne t'inquiète pas pour moi, pour nous et libère-toi de la Noirceur. Je t'aime ».

Lorsque la personne entendra ces mots, elle comprendra que nous vivrons avec le fait qu'elle s'est enlevée la vie et procèdera alors à son ascension. Voici un petit truc que vous pouvez faire pour savoir si cette personne a traversé la Lumière. C'est un petit truc simple mais efficace déjà utilisé par plusieurs personnes.

Prenez un objet ayant appartenu à la personne telle qu'une bague, une chaine, un bijou ou quelque chose de léger. Suspendez-le à une petite corde et attachez la corde au plafond en ayant bien pris soin de choisir un endroit où il n'y a pas de ventilation pour ne pas se donner de faux espoirs. Lorsque l'entité ira chez vous, après son ascension, elle verra l'objet et essayera de le saisir. Comme ils sont dans l'immatériel, en tentant de prendre l'objet, elles vont créer un courant d'air, ce qui aura pour résultat de faire bouger l'objet.

Si cela se produit, demandez à l'entité, si c'est belle et bien elle, qu'elle reprenne l'objet. Cela devrait se reproduire. Vous saurez alors que cette entité a dépassé le stade des limbes et est maintenant libre. Une de mes clientes avait ajouté un petit grelot au bout du jonc de son mari et l'avait attaché dans la garde-robe de sa chambre d'invités. Après 4 mois, la bague s'est mise à pivoter et à bouger comme si quelqu'un la frappait. Elle comprit que son conjoint venait de quitter les limbes.

Le suicide n'est pas un sujet facile, mais pour éviter que d'autres gens ne commettent l'irréparable, il faut justement en parler le plus possible. Ne vous mettez pas la tête dans le sable, voyez la réalité et aidez ces personnes qui ont besoin de vous. Ce sera plus facile que de les aider après qu'ils auront commis le dernier acte.

Chapitre 5

Les âmes nous parlent

« Il y a des paroles qui portent plus loin que le vent. »

Suzie Murray

Comme nous l'avons vu dans un chapitre précédent, les âmes des défunts peuvent communiquer avec les gens qu'ils ont aimés et leur famille. Pour plusieurs personnes, ces contacts représentent souvent une espérance après la mort d'un proche et sont également source de réconfort car ça les rassure de comprendre qu'il y a vraiment quelque chose après la mort. Ces contacts, qui surviennent parfois rapidement après le décès, sont difficiles à percevoir. Que ce soit par manque d'attention de notre part, par manque de foi ou tout simplement parce qu'on ne veut pas y croire, ces messages sont souvent perdus dans l'invisible. Les âmes communiquent de diverses façons et ce, depuis la nuit des temps. Que ce soit pour rassurer quelqu'un, lui faire sentir sa présence ou pour régler certaines choses qui n'ont pas pu l'être durant la vie de cette personne, les âmes peuvent, s'ils en ressentent le besoin, tenter de communiquer avec nous.

De façon directe ou indirecte, nos défunts parviennent à nous faire comprendre qu'il existe une forme de vie après la mort. Depuis des siècles, l'homme est fasciné par cette possibilité de communication. Plusieurs ouvrages et même des émissions de télévision traitent de ce sujet. Pour l'homme, le fait de savoir qu'une communication entre le monde des vivants et celui des noms vivants peut s'établir est un peu comme une quête du Saint-Graal. En effet, plusieurs groupes de chercheurs, de fanatiques, de médiums et même Monsieur et Madame tout le monde cherchent à percevoir, à enregistrer et à prouver l'existence de ces communications.

Nous n'avons qu'à penser aux séances de spiritisme, aux soi-disant transes, aux chasseurs de fantômes. Tous recherchent le moindre indice de contact entre l'invisible et le monde des vivants.

Nos défunts communiquent parfois mais dans d'autres cas, ils ne le font pas. Ils peuvent tout simplement nous faire ressentir leur présence pour nous aider à traverser notre deuil et à avancer sans eux dans cette vie qui se poursuit et à honorer leur souvenir. Certaines âmes ressentent le besoin de communiquer fréquemment, d'autres non. Il est important de garder en tête que le respect envers ces âmes est la clé du succès de ces communications. Nous verrons, tout au long de ce chapitre, de quelle manière ces défunts peuvent généralement communiquer avec nous.

Contact par le « rêve »

Ce type de contact, que nous appelons « rêve » est en réalité un état de conscience semi-éveillée. Les entités communiquent plus souvent le soir car il y a moins d'électricité donc moins d'électrostatique. Nous sommes plus calmes et leurs déplacements sont plus faciles. Généralement, ils se tiendront près de nous durant notre sommeil et nous parleront. Puisqu'ils n'ont pas de bouche, le transfert télépathique se fait plus aisément et il leur est même possible de transformer ce « langage » en une onde perceptible par l'oreille interne. Le cerveau entend cette voix et se met en mode reconnaissance. Lorsqu'il a retrouvé l'image et la donnée qu'il relie à cette voix, il la projette en son subconscient qui lui déroule des images puisées dans le passé. Mais la voix et le message demeurent authentiques de la part du défunt ou de la défunte. Nous croyons rêver mais en réalité il s'agit bien là d'un message.

À mon cabinet, plusieurs personnes m'ont souvent rapporté qu'ils rêvaient à leurs proches décédés mais que ceux-ci ne parlaient pas.

Prenons l'exemple d'une personne qui me dit qu'elle rêve souvent à son père mais qu'il sourit seulement, il ne parle pas! Elle se demande ce que ça veut dire? Comme je le disais auparavant, les défunts gardent une partie de leurs ressemblances et selon l'exemple décrit ci-haut, si le père en question était de nature plutôt discrète et ne parlait pas beaucoup, il conservera ce même comportement dans l'au-delà. Pour lui, sourire est un signe de réconfort qui signifie que tout va bien et que tout ça va continuer pour vous.

Une autre personne me rapporte qu'elle rêve parfois à sa mère et qu'elle lui dit toujours avoir besoin d'aide. Elle se demande si elle a vraiment besoin d'aide ou d'une prière?

Il faut faire attention de séparer le rêve et le contact. Souvent les gens ont de la difficulté à passer à travers le deuil et la douleur se transpose dans leur subconscient. C'est alors que le soi-disant contact fait souvent place à une irréalité. Le subconscient envoie des messages de douleur et d'inquiétude face à la personne défunte et les transpose en images. On peut avoir l'impression d'un contact mais il n'en est rien. C'est au moment où nous faisons ce genre de rêve récalcitrant qu'il faut travailler davantage sur le processus de deuil.

Lors d'un contact, les sens sont décuplés. La vue, l'odorat, le toucher, etc. sont en alerte. On peut alors ressentir les sens comme si nous étions éveillés, car n'oubliez-pas qu'en fait, vous êtes partiellement éveillé.

Contact par les lumières et les appareils électriques

Pour les défunts, une autre façon de communiquer ou de faire des signes est d'utiliser l'électricité. Plusieurs personnes disent avoir eu des manifestations par le biais des lumières qui clignotent ou d'autres appareils électriques qui se comportent étrangement.

Oui c'est possible parce que les entités sont composées en grande partie d'électrostatique et il est normal qu'une surcharge de cette énergie, en superposition avec l'électricité, fasse vaciller les ampoules électriques, les radios, les téléviseurs, etc. Mais attention, c'est souvent involontaire de la part du défunt. Lorsqu'il ou elle se place près de ces sources électriques, ça peut provoquer ce type de réaction. Il en est de même pour les cellulaires, les moniteurs pour bébé, les haut-parleurs, etc. La statique permet d'émettre des ondes irrégulières dirigées vers ces appareils et nous entendons alors des petites distorsions et quelquefois même des voix perceptibles à l'oreille humaine. Ces sons peuvent même être captés par un ruban magnétique (type cassette) ou un enregistreur numérique portatif. Ces enregistrements sont appelés PVE.

Voici l'exemple d'un couple que nous appellerons Martin et Isabelle, qui a vécu ce genre de manifestation : à son décès, le père d'Isabelle lui légua la maison familiale où elle et les autres membres de sa famille avaient été élevés. Comme il s'agissait d'une maison centenaire, Isabelle et Martin ont décidé de la moderniser un peu tout en respectant l'image familiale qui y régnait. Quand vint le temps de rénover la salle familiale, Martin décida d'installer son bel écran plat au plasma sur le mur. Quelques jours plus tard, pendant que Martin écoutait une émission de télévision, le coin inférieur droit de son écran s'embrouillait constamment. Martin a remarqué qu'une ombre circulait dans le coin inférieur du téléviseur. Il n'en tint pas compte mais au bout de quelques minutes, le téléviseur s'arrêta. Martin et Isabelle ont tenté par tous les moyens de rallumer l'appareil mais n'y sont pas parvenus.

Martin a alors décidé de retourner l'appareil chez son marchand en lui expliquant qu'il avait soudainement cessé de fonctionner suite à une interférence et que le coin droit de son téléviseur s'était assombri avant de s'éteindre définitivement. Puisque l'appareil était toujours couvert par la garantie, Martin est reparti avec un nouveau téléviseur et l'a installé au même endroit que l'autre.

Quelques jours plus tard, le même phénomène s'est reproduit. Isabelle a alors été témoin de l'incident. Martin a de nouveau rapporté le téléviseur au marchand. Celui-ci leur a demandé si le filage de la maison avait été refait selon les normes et si l'installation du téléviseur avait été faite par un technicien. Martin lui a répondu que tout avait été fait dans les règles. Le marchand a alors offert à Martin de faire installer le 3e téléviseur par son propre technicien. Lorsqu'il est arrivé à la maison, il a constaté que tout était parfaitement normal. Il a procédé à l'installation du 3e écran de télévision et a effectué les tests de fonctionnement. Tout fonctionnait à merveille.

La nuit suivant l'installation, vers 3h15 du matin, le téléviseur s'est allumé tout seul, ce qui a eu pour effet de réveiller Martin et Isabelle. Lorsque Martin est arrivé au salon, il a constaté que l'appareil était en marche mais que le coin inférieur droit de l'appareil était encore noir. La peur a commencé à envahir Isabelle mais Martin, avec son esprit scientifique, a tenté de la rassurer en lui disant qu'il s'agissait probablement d'un défaut de fabrication. Il a éteint le téléviseur et ils sont retournés au lit.

Le lendemain matin, Madeleine (la tante d'Isabelle, sœur de son défunt père) vint leur rendre visite. Isabelle s'empressa de lui raconter son expérience. Celle-ci lui dit qu'elle trouvait le phénomène étrange car le téléviseur était placé à l'endroit même où leur père se berçait jadis. Isabelle et Martin m'ont alors contacté pour m'expliquer le phénomène. Je suis allé sur les lieux et j'ai constaté, après enquête, que ce que Madeleine disait à propos du père d'Isabelle était véridique. Vers 21h00, alors que nous étions dans la cuisine, le téléviseur s'est à nouveau allumé tout seul. Je me suis dirigé vers le salon et j'ai constaté qu'un homme se berçait là où le téléviseur était et que sa tête passait à travers le coin inférieur droit du téléviseur. J'ai communiqué avec l'entité qui se révéla être bel et bien le grand-père d'Isabelle et qu'il insistait pour que je dise à sa petite-fille qu'il était très fier de ce qu'elle avait fait de la maison mais surtout, il appréciait qu'elle ait conservé l'image du patrimoine familial.

J'ai demandé à Martin d'installer le téléviseur ailleurs afin que nous puissions voir s'il y aurait une différence au cours des jours suivants. Après quelque temps, je suis retourné chez Martin et Isabelle et ils m'ont confirmé qu'ils n'ont plus perçu de manifestations à part les craquements d'une chaise berçante qui se font parfois entendre la nuit. Cette histoire n'en est qu'une parmi tant d'autres mais elle reflète très bien le constat que les âmes peuvent interférer avec le matériel électrique.

Une de mes clientes prénommée Manon vivait aussi certains problèmes. Elle entendait la voix de sa mère défunte à travers l'appareil de surveillance de son enfant. Chaque nuit, lorsqu'elle ouvrait l'appareil, elle entendait une douce voix féminine chanter une berceuse à sa fille Lorie. Tout ce scénario lui glaçait le sang et elle avait beaucoup de difficulté à dormir. Je me suis rendu sur les lieux et j'ai constaté que la mère de Manon allait voir sa petite fille Lorie tous les soirs. La berceuse qu'elle lui chantait nous prouvait qu'il s'agissait bien de la mère de Manon car il s'agissait d'une berceuse inventée par la mère de Manon et c'est celle qu'elle lui chantait lorsqu'elle était bébé. Après avoir communiqué avec la mère de Manon, elle m'a confirmé que sa fille lui demandait de veiller sur Lorie tous les soirs et qu'elle se faisait un devoir de le faire. Elle ne voulait pas déranger Manon mais l'appareil de surveillance l'a trahie car nous l'entendions à travers celui-ci.

Dans le cas présent, la mère de Manon ne voulait pas la déranger; elle voulait seulement veiller sur sa petite-fille conformément à la demande de sa fille. Elle n'avait pas besoin de communiquer et de régler certaines choses avec Manon mais bien de passer un peu de temps avec sa petite-fille.

Contact par le toucher

Plusieurs entités ont encore besoin de ressentir le toucher charnel, de nous caresser, de nous jouer dans les cheveux, etc. Le ressenti de ces actions est, pour celui ou celle qui le vit, une expérience extraordinaire mais qui provoque une certaine peur.

Nous ressentons ce courant froid qui nous caresse le cou, le bras. Quelqu'un peut nous jouer dans les cheveux. Je sais que la première réaction est souvent la crainte mais il faut demeurer calme car pour eux, c'est une preuve d'amour. Pour être assuré qu'il ne s'agit pas de votre imagination, demandez à cette entité de refaire le geste.

Plusieurs personnes m'ont également rapporté divers événements du type ressenti. Par exemple, une forme s'asseyant sur le bout du lit, un ressenti de l'impression qu'une personne se tient derrière nous, qu'une personne se soit couchée à nos côtés dans le lit, etc. Ces expériences sont véridiques pour la plupart mais il faut rester vigilant car j'ai remarqué que quelquefois, il s'agissait tout simplement d'un excès de fatigue ou une mauvaise perception de la réalité.

Voici un exemple concret de ce que j'avance : une cliente vint un jour me voir en me disant qu'elle ne pouvait plus avancer dans le deuil de son mari, mort à peine un an plus tôt. Elle me dit pleurer constamment et être incapable de recevoir quelconque message venant de son mari. Elle a été obligée de laisser temporairement son travail d'infirmière car son état de santé mentale l'empêchait de prodiguer les soins correctement. Après avoir établi un contact avec son défunt conjoint, il lui promit de lui faire un signe qui lui permettrait de comprendre qu'il serait là. La dame s'en retourna chez-elle satisfaite d'avoir pu parler avec son conjoint et prête à recevoir ces signes.

Le soir venu, en se couchant, elle dit à son conjoint qu'elle était prête à recevoir ces signes mais rien ne se produisit. Elle refit la même chose pendant 4 jours consécutifs sans obtenir de résultat. Au bout d'une semaine, elle lâcha prise et se dit qu'elle était déjà contente d'avoir pu lui parler et qu'elle allait désormais le laisser en paix. Deux jours plus tard, au moment de se mettre au lit, elle souhaita bonne nuit à son conjoint et s'endormit rapidement. Au beau milieu de la nuit, elle a senti une présence dans son dos.

Prise par surprise, elle devint très nerveuse mais au même moment, et sentit que quelqu'un lui dessinait un cœur dans le dos. Elle comprit alors que c'était le signe que son défunt mari venait lui faire car c'était le geste qu'il posait lorsqu'il venait la rejoindre au lit. Elle demanda à haute voix à l'entité de refaire le geste, ce qu'il fit. Elle éclata alors en sanglots et remercia son défunt mari d'être présent et lui dit de gagner la lumière et d'être enfin en paix car il le méritait. De temps en temps, son conjoint vient lui faire le même signe, juste pour lui montrer qu'il est toujours présent.

On voit ici que les entités peuvent utiliser partiellement le toucher et nous faire sentir leur présence, sans nécessairement que ces contacts soient négatifs.

Contact par les enfants et les animaux

Avant de débuter ce chapitre, il existe une chose fondamentale que nous devons comprendre et accepter : tous les enfants voient des choses que les adultes ne voient plus. De zéro à approximativement 8 ans, les perceptions sensorielles des enfants sont très développées. Qui n'a jamais vu un bébé regarder le plafond et rire aux éclats ou de « jaser » tout seul. Habituellement, on rejette la faute de ces communications avec l'invisible sur leur imagination parfois débordante et même sur des soi-disant amis imaginaires. Les âmes défuntes vont souvent veiller sur les enfants, soit par amour ou parce qu'on le leur a tout simplement demandé. Souvent les enfants vont jusqu'à parler des défunts à leurs parents. Ils en parlent comme s'ils les avaient toujours connus alors que ce n'est pas toujours le cas.

Prenons l'exemple d'Océane, la petite-fille de Marcel et fille de Brigitte. Malgré qu'elle ait assisté aux funérailles de son grand-père, elle continue de le voir tous les soirs et souvent même dans la journée, lorsqu'elle a besoin de lui. Elle le voit de ses yeux et non par son imagination. Lorsqu'elle en parle à sa mère Brigitte, elle demeure incrédule et croit que l'imagination d'Océane est très fertile.

Pourtant, celle-ci raconte à sa mère des choses très précises que son grand-père lui dit et dont seule Brigitte peut connaître l'authenticité. Pour certains c'est un contact apaisant mais pour d'autres, ça peut aller jusqu'à provoquer des terreurs nocturnes. Imaginez-vous en compagnie d'une entité dans votre chambre à l'âge adulte...quelle serait votre réaction? La peur probablement alors il est normal que, pour ces enfants, ils ressentent cette même terreur. Heureusement, lorsque l'entité comprend la peur qu'elle provoque chez cet enfant, elle cesse généralement tout contact.

La plupart des enfants ont des soi-disant amis imaginaires mais croyez-moi, plus de 60% de ces amis sont en réalité des âmes qui se trouvent près d'eux, des entités défuntes, des anges ou guides, etc. Si le cas se présente chez-vous, demandez à votre enfant de dessiner ce qu'il ou elle voit. Au cours de mes expériences passées, j'ai pu constater que nous en apprenons beaucoup par ces dessins qui ont parfois l'air très anodin.

Voici un autre exemple dont j'ai été témoin à mon cabinet : une femme vint me demander de rencontrer son jeune garçon, âgé de 3 ans, qui parlait constamment la nuit et disait à sa mère qu'un monsieur était toujours là dans sa chambre. Après avoir rencontré le jeune garçon et avoir discuté de ce fameux monsieur, je lui ai demandé de me le dessiner et de me le décrire. Il me dit que le monsieur avec une bedaine, pas beaucoup de cheveux, qu'il avait des cheveux blancs autour de la bouche et des lunettes. J'ai regardé le dessin que cet enfant avait fait. Il avait dessiné sa mère, son père, lui et à côté de sa mère, il avait dessiné cet homme. Il me disait que le monsieur aimait beaucoup sa maman.

Après avoir discuté longuement avec l'enfant, j'ai demandé à la maman d'entrer dans le bureau. Je lui ai montré le dessin et lui ai fait entendre la conversation que j'avais eue avec son fils quelques minutes auparavant. La dame, les yeux pleins d'eau, sortit de son portefeuille une photo pliée qu'elle me montra. Je vis alors un homme correspondant à la description faite par l'enfant.

Il s'agissait de son père, qui était décédé alors qu'elle n'avait que 12 ans. Elle ne comprenait pas pourquoi et surtout comment son fils pouvait avoir un contact avec son père alors qu'elle-même n'en avait pas eu depuis plusieurs années. C'est après avoir eu un contact avec papa en question qu'il nous confia qu'il avait manqué de temps avec sa fille et qu'il continuerait d'être là pour elle. Il précise qu'il était très fier de son petit-fils avec qui il garderait contact. Quelques années plus tard, j'ai revu la même dame qui me confia que son fils ne voyait plus son père mais qu'il lui avait dit que grand-papa serait toujours près de lui.

On peut voir ici que les enfants, ont généralement les contacts les plus précis avec nos défunts et ce, même sans les avoir connus. Mais attention, il faut faire la différence entre les amitiés imaginaires d'un enfant et les contacts avec le monde de l'invisible. Il est naturel, au cours du développement normal d'un enfant, d'avoir des jeux, des mondes et même des amis issus de son imagination. Il arrive parfois même que ces contacts soient des êtres de lumière tels des guides ou des anges. Comme je disais un peu plus haut, demandez à vos enfants de vous décrire ces gens et même de les dessiner. Vous verrez alors la pertinence de ces contacts.

Les animaux ont aussi une perception sensorielle très développée. Tous les animaux voient et entendent, que ce soient des âmes errantes, des défunts ou même des êtres de lumière. Qui n'a jamais vu un chat hystérique grimper sur vous en ayant eu peur en regardant le mur; un chien aboyer pour rien en regardant le plafond; un chat se blottir contre vous apeuré, sans qu'il n'y ait aucune cause visible à cette peur; un chien se rouler sur le dos ou faire le beau comme pour satisfaire son maître alors que celui-ci est décédé… Ce sont toutes des manifestations simples à observer mais il ne faut pas paniquer car c'est généralement parce que l'animal ne comprend pas la perte ou le manque et devant cette réalité qu'il voit, l'incompréhension mène à la panique.

Contact par les manifestations physiques

Il n'est pas rare que certains d'entre vous aient vécu ce type de manifestation qui, aux dires de ceux à qui c'est arrivé, en est une des plus troublantes qui soit. Une âme défunte, peut, par la force énergétique, déplacer certains objets. Des cadres vont bouger ou se déplacer, des portes s'ouvrir et se fermer, des chaises berçantes bouger toutes seules sans que personne n'y soit assise ou n'y touche et j'en passe. La force de certaines entités est phénoménale pour l'invisible. Le fait de déplacer un objet leur demande une concentration et une force énergétique incroyables. Généralement, ils vont réaliser ce type de manifestation pour faire comprendre qu'ils sont présents. Plusieurs cas ont également été observés tels que : ombres qui passent dans les corridors, lumière intense dans une pièce, des draps qui vont se froisser comme si quelqu'un était assis sur le lit, etc.

Ces manifestations physiques sont souvent très faciles à capturer sur vidéo ou sur photo, à condition d'avoir un appareil sous la main. Depuis l'arrivée des appareils photo numériques, un nouveau phénomène a également fait son apparition…les « ORBS ». Ces petites sphères blanches ou de couleur qui apparaissant comme ça, sans raison, sur vos photos numériques. Depuis des lunes, l'homme tente de photographier des preuves de la vie après la mort ou des manifestations fantomatiques. Majoritairement, ces sphères ne sont pas des entités mais bien des grains de poussière ou d'eau suspendus dans l'air et qui lorsque, le « flash » de l'appareil est déclenché, provoquent une réflexion de la lumière sur cette petite parcelle, ce qui fait apparaître une sphère blanche transparente sur vos photos.

Il arrive parfois qu'on réussisse à saisir le passage d'une entité mais très peu de ces soi-disant « orbs » sont en vérité des âmes errantes. Faites l'exercice suivant et vous verrez de quoi je parle. Prenez un linge à vaisselle et déposez-le sur le haut de votre réfrigérateur pendant au moins 3 ou 4 jours. Par la suite, saisissez votre appareil photo et prenez 2 ou 3 clichés.

Secouez ensuite le linge à vaisselle et prenez immédiatement 2 ou 3 autres photos. Vous apercevrez des centaines de « orbs » qui ne sont en réalité que de la poussière.

Dans la majeure partie du temps, rien n'est négatif lors de ces manifestations d'ordre physique. C'est seulement que ces entités veulent nous faire savoir qu'elles sont présentes. Par exemple, une dame demande à sa mère décédée de lui donner des signes de sa présence. Chaque semaine, le cadre de la photo de ses parents, accroché au mur du salon, se retrouve toujours de travers. La dame l'enlève car elle croit que le mur n'est pas au niveau. Elle le suspend sur un autre mur et le phénomène se reproduit à nouveau. Elle dépose alors le cadre sur un meuble du salon et, un bon matin, elle le retrouve à plat, comme si quelqu'un l'avait renversé. Après 2 ou 3 fois, on comprend qu'il peut y avoir des raisons autres que celles de manifestations paranormales mais après une vingtaine de d'essais, elle demanda à sa mère si c'était elle de ne plus le refaire. Elle remit le cadre à son emplacement d'origine, sur le mur du salon, et le cadre ne bougea plus. Sa mère déplaçait le cadre pour lui montrer qu'elle était là. Maintenant que la fille a compris, il n'est plus nécessaire pour la mère de se manifester de cette manière.

Ces manifestations sont d'ordre positif car elles relient une mère à sa fille. Cependant, il arrive parfois que l'entité ne soit pas positive et fasse ces manifestations dans le but de faire peur aux gens pour qu'ils libèrent les lieux ou comprennent un élément négatif qu'ils ne perçoivent pas. Parfois c'est l'entité elle-même qui ne comprend pas sa mort ou ne veut pas l'accepter. On ne parle pas nécessairement de hantise, mais bien de manifestations négatives. Cela n'arrive pas dans tous les cas alors il vaut mieux ne pas paniquer à la moindre manifestation.

Ce ne sont ici que quelques façons que les entités et les âmes défuntes utilisent pour communiquer. Répertorier tous les signes et tous les types de manifestation serait impossible car il existe autant de signes qu'il y a de défunts.

L'important est de demeurer alerte et ouvert à ces types de communication. Comme je disais au préalable, les défunts communiquent avec nous seulement s'ils décident de le faire. N'oublions pas que pour plusieurs, il n'est pas nécessaire de faire sentir leur présence ou de communiquer car leurs proches disent ressentir leur présence et font toujours revivre leur souvenir. Parfois même, les entités ne veulent pas communiquer car elles croient qu'elles ne sont pas décédées ou qu'elles sont dans une totale incompréhension de cette possibilité.

Si une âme d'un défunt ou d'une défunte, décide de communiquer avec vous, prenez-le comme un cadeau car pour eux, le fait de communiquer avec le monde des vivants demande beaucoup au point de vue énergétique. Le mot d'ordre est toujours le respect. Il ne faut pas en abuser mais bien apprécier ces signes et ces contacts que nous avons avec le monde de l'invisible.

Chapitre 6

Comment communiquer avec nos disparus

« Le contact, c'est l'appréciation des différences. »

Frederick " Fritz "Perls

Pour plusieurs personnes, la communication avec les morts a toujours été un mystère. Pour d'autres, il pouvait s'agir d'un désir et, dans certains cas, d'une abomination passible d'une éternité en enfer. Qu'elle soit indirecte, directe, assistée ou par canal, cette communication est pour plusieurs une nécessité qui leur permettra de passer à travers les étapes du deuil plus facilement et même de clore ce deuil quasi définitivement. Depuis des siècles, la communication avec l'au-delà est des plus prisée. Dans toutes les cultures de ce monde, il existe une forme de communication. Que ce soit par la prière ou directement, les défunts, Guides, Anges et autres êtres de lumière peuvent entendre nos voix. Ils communiquent déjà avec nous sous plusieurs formes. Il nous est donc possible d'entrer en contact avec eux, et ce même si nous ne sommes pas médiums ou voyants. La sensibilité sensitive de chacun de nous est variable mais nous pouvons tous entrer en contact avec nos disparus.

Par le passé, plusieurs techniques ont été répertoriées et souvent elles sont plus farfelues les unes que les autres : séances de spiritisme, tables qui lèvent, Oui jà, etc. Ce ne sont que quelques-unes des façons dont l'homme peut se servir afin de communiquer avec l'invisible. Il est certain qu'avec l'aide des médiums reconnus et des spécialistes de la communication, la tâche est plus simple mais toutefois plus onéreuse. Je vous dresse donc, dans ce chapitre, la liste de plusieurs moyens simples de communiquer avec vos défunts et défuntes et ce, sans avoir de facultés médiumniques quelconques.

L'important lorsque nous établissons ces contacts, est d'avoir du respect envers la personne contactée car souvent, celle-ci ne comprend pas toujours ce qui se passe et essaie, elle aussi, de passer certains messages. Toutes ces techniques sont bonnes et fonctionnent mais pour certains, il est préférable d'en utiliser une plutôt que l'autre et de choisir son moment. Il est important de tenir compte du fait que, au royaume de l'invisible, le temps n'est plus, ce qui veut dire que si vous attendez des réponses rapidement vous pouvez parfois être déçu. Mais il arrive quelquefois que les messages nous parviennent plus vite qu'espéré.

La bougie blanche

Il est simple de communiquer et de percevoir les résultats de vos demandes à l'aide la lumière d'une bougie blanche. Comme l'électrostatique qu'émet une présence de l'au-delà est très forte, les disparus peuvent faire vaciller une flamme à leur guise. Pour réaliser cet exercice, il est important d'utiliser une bougie avec le plus haut pourcentage de cire possible (les bougies standard ou même bon marché contiennent une forte concentration de paraffine à la place de la cire et c'est un dérivé du pétrole qui peut faire que les réponses soient faussées). Des cierges du type liturgique ou des bougies de cire d'abeille à haute concentration en cire sont donc recommandés. L'utilisation d'une lampe tempête ou de vase protégeant la flamme est recommandée également, toujours dans le but d'éviter les courants d'air et ainsi, de mal interpréter les réponses venant de la flamme. Ce type de communication peut nécessiter quelques essais avant de bien maîtriser les réponses du défunt. Il faut être patient et respectueux.

* Tout d'abord, déposez votre lampe tempête ou votre bougie dans un endroit calme où la ventilation n'arrive pas directement sur la bougie. Amenez un état de détente, de relaxation, car les agressants (ex : téléphone, téléviseur allumé, etc.) peuvent nous distraire et amener une mauvaise interprétation des réponses.

Détendez-vous et essayez de garder vos émotions centrées sur vous.

* Allumez ensuite votre bougie et demandez à ce que vous soyez accompagné pour cette communication. Faites-le par amour et non pour troubler la paix de ces êtres. Laissez la flamme prendre de l'ampleur et se stabiliser. Vous pouvez déposer une photo de la personne avec qui vous voudriez entrer en contact près de la bougie. Vous pouvez également déposer un objet ayant appartenu à ladite personne près de la bougie. Ce n'est pas nécessaire mais j'ai constaté, à quelques reprises, que ce petit geste avait aidé.

* Demandez à l'Univers de trouver cette personne et de faire qu'elle se présente à vous. Il est important de garder la Foi et de se détendre afin d'être attentif et réceptif aux moindres détails. Il se peut que vous deviez formuler votre demande à quelques reprises car comme je disais au préalable, le temps n'existe plus dans le monde de l'invisible. Nous espérons toujours trop rapidement nos réponses.

* Détendez-vous et relaxez bien. Essayez de le faire dans un endroit calme et paisible, hors des sources de distraction. Assurez-vous que votre demande soit honnête et pure car il ne faut pas ramener la requête à des choses négatives. Majoritairement, nous ne dérangeons pas ces entités mais il peut arriver que celles-ci ne veuillent pas communiquer avec nous pour diverses raisons. Dans le cas où vous n'obtenez pas de réponses concrètes, demandez à un être de lumière, tel un Ange ou un Guide. Vous percevrez la différence au niveau de la bougie.

* Maintenant, regardez la bougie. Lorsqu'elle commencera à vaciller (plus qu'une flamme normale), il est fort probable que ladite personne soit présente avec vous dans la pièce Accueillez-la avec amour et remerciez-la pour sa présence. Parlez-lui comme si elle était près de vous. Si certaines émotions vous envahissent, c'est tout-à-fait normal; accueillez-les et laissez tout l'amour circuler en vous.

N'oubliez pas que la personne, si c'est un défunt ou une défunte, ressent probablement des émotions similaires aux vôtres et ne comprend peut-être pas comment vous fonctionnez.

* Demandez à l'âme de cette personne de vous donner des réponses affirmatives, par exemples : « dis-moi oui par la bougie, fais-moi un oui pour que je te comprenne ». La flamme réagira d'une certaine façon. Demandez encore à cette personne de vous répondre par une affirmation. Lorsque vous comprendrez et que vous remarquerez les schémas que le « oui » interagit avec la flamme faites la même chose avec les réponses négatives, par exemples : « dis-moi non par la bougie, fais-moi un non pour que je te comprenne »

* Une fois que vous aurez compris que ces schémas de réponses viennent de la personne que vous avez sollicitée, vous pouvez lui poser vos questions. Naturellement les réponses doivent pouvoir être données par un oui ou par un non. Lorsque vous n'êtes pas certains de la réponse, posez à nouveau votre question afin d'obtenir une nouvelle réponse.

* Au départ vous pouvez toujours demander à l'entité des réponses que vous connaissez déjà afin de valider qu'il s'agit bien de la bonne personne qui se trouve en votre présence (exemple : « ton nom est bien….? », « tu es né en 1937? »). Ces questions doivent être simples mais elles vous fourniront la confirmation de la véracité de votre exercice.

* Posez vos questions une après l'autre, sans presser quoi que ce soit, et accueillez les réponses que l'âme vous donne. Il se peut également que vous entendiez les réponses à vos questions soit par vos oreilles, en images (si vous fermez les yeux), ou vous les entendrez simplement à l'intérieur de vous-même. Il est possible que vous entendiez également certaines manifestations physiques telles que des coups au mûr, des chuchotements, des courants d'air froid près de vous. Ne paniquez pas! Il est normal de ressentir la présence de l'entité près de soi mais elle ne vous fera aucun mal.

* Lorsque vous avez terminé, remerciez la personne d'être venue vous voir et remerciez l'Univers de vous avoir donné la chance de vivre ce moment privilégié. Éteignez la bougie (ne soufflez jamais sur la bougie, utilisez plutôt vos doigts ou un éteignoir) et retournez vous asseoir pour continuer de profiter de cette énergie et de cette expérience que vous venez de vivre.

** Essayez de ne pas contacter l'âme d'une personne suicidée depuis peu car cette âme pourrait s'accrocher à vous. Envoyez- lui plutôt beaucoup d'amour et de lumière.

Le message de rêve

Le rêve est la porte la plus facile pour les âmes des gens disparus. Il est facile pour eux de vous communiquer les messages qu'ils ont à vous transmettre. Par contre, l'imaginaire de l'homme est très développé et est encore plus sensible lorsqu'il vit des épreuves plus difficiles de la vie comme un deuil. Il est important ici de faire la juste part des choses et de démystifier ce qui pourrait être un rêve ou une communication.

On dit que les âmes communiquent par le rêve afin de vulgariser cette communication. Elles ne peuvent pas nécessairement agir sur nos rêves. Ce qui se passe vraiment est un état de conscience semi-éveillée. Pendant la nuit, l'âme du ou de la défunte nous parle juste à côté de notre corps. Sa voix est une onde qui se perçoit par l'oreille interne. Le cerveau, qui ne dort pas, perçoit cette vibration et l'analyse. Lorsqu'il a analysé cette vibration, il émet tout de suite l'image reliée à la vibration. Prenons l'exemple suivant :

Marcel parle à Marie. Le cerveau de celle-ci a perçu la vibration et émet une image de Marcel. Marcel émet des paroles positives à Marie et celle-ci le voit souriant et comprend le message de son défunt mari. Elle le voit près de son motorisé lui disant qu'il part pour un voyage et qu'il l'attendra à destination.

On voit ici que le cerveau de Marie lui a fait voir les images qui se trouvaient dans son subconscient mais que le message de Marcel était bel et bien une vibration. Elle a senti l'odeur de Marcel, ses sens sont ouverts et bien alertes. Dans le cas d'un rêve « imaginaire », les sens ne seraient pas décuplés et le cerveau imaginerait ce que Marie voudrait entendre ou voir au sujet Marcel.

Le problème ici est que bien souvent, on ne se réveille pas après ce « rêve » ou lorsqu'on se réveille on se rendort rapidement et le cerveau oublie ce qui vient de se passer. Avant de faire cet exercice, prenez un stylo et du papier et déposez le tout sur votre table de chevet. Lorsque vous vous éveillerez après le contact, vous pourrez ainsi noter ses grandes lignes pour que le lendemain matin à votre réveil, pour puissiez reconstituer le message qui vous est parvenu.

* Premièrement, avant de vous coucher, allumez une petite bougie blanche ou un lampion de type liturgique que vous pourrez laisser près de votre lit et que vous utiliserez à cet effet. Allumez-la et parlez à la personne comme si elle était juste près de vous et demandez-lui de venir vous voir. Dites-lui que vous avez besoin d'elle (ou lui) et que sa présence vous ferait du bien mais qu'il n'en tient qu'à elle. N'oubliez pas : nous ne les dérangeons pas mais nous leur devons quand même un très grand respect et nous ne pouvons les forcer. Demandez également à la personne d'être claire et de vous réveiller lorsque le message sera terminé. Il ou elle pourra vous toucher ou vous dire de vous réveiller. Vous pourrez ainsi noter ce que vous venez de vivre et vous en souvenir le lendemain.

* Éteignez ensuite votre bougie et endormez-vous en vous disant mentalement, « je t'accueille maintenant (nom de la personne), je serai au rendez-vous que nous fixerons dans mes rêves cette nuit ». Essayez de vous endormir en répétant cette phrase en boucle jusqu'au sommeil.

* Le lendemain matin ou la nuit même, suite au « rêve », vous saurez que cette personne est venue vous voir car vous vous en souviendrez ou vous en aurez un vague souvenir mais vous aurez surtout le sentiment et l'impression que cette personne est venue à vos côtés. Comme je le disais au préalable, ce ressenti que vous aurez vécu (la vue, le toucher, l'odorat) vous permettra de réaliser que ce n'était pas un rêve.

Il est certain que cette façon de communiquer peut ressembler à une forme de visualisation ou de programmation du subconscient mais il est important de comprendre qu'elle nécessite souvent quelques essais afin d'obtenir un message clair. Lorsque vous sentirez que vous avez obtenu ce message, prenez-le en note dans un calepin et inscrivez-y la date à laquelle vous avez établi cette communication. Vous pouvez ainsi tenir un registre des contacts que vous avez avec cette personne qui vous est chère. Il est important de ne pas abuser de cette technique pour ne pas nuire à l'âme du défunt ou de la défunte ou pour ne pas vous empêcher d'avoir une bonne nuit de sommeil en ne vous concentrant que sur ce contact.

La dernière lettre

Un autre moyen de communiquer avec l'âme d'une personne décédée est de lui écrire une lettre. Il va sans dire que c'est un rituel peu commun mais combien efficace quand nous vivons des émotions très fortes et que nous avons de la difficulté à traverser les étapes du deuil. Souvent, des émotions refoulées, des choses non dites, des contacts impossibles entre les parties ou une mort subite sans avertissement peuvent apporter beaucoup de difficultés à une personne qui vit ce deuil. Les mots que nous communiquons par l'écriture ont souvent beaucoup plus d'impact que de simples paroles. La plupart du temps, le manque de mots pour exprimer les sentiments ressentis, qu'ils soient positifs ou négatifs, se résume en un silence quasi complet.

Par contre on remarque qu'il est souvent plus simple d'écrire ce que nous ressentons que de le dire tout haut? C'est pourquoi l'exercice de la dernière lettre peut aider grandement lors de ces cas un peu plus difficiles.

* Choisissez d'abord le bon moment pour écrire à cette personne. Ne le faites pas un moment où vous êtes très émotif et où vos ressentis s'embrouillent ou même quand des états d'angoisse vous envahissent. Choisissez plutôt un moment où vous êtes calme et reposé car les mots vont couler plus facilement sur le papier. Allez vous acheter un beau papier que vous aurez pris soin de choisir en pensant à la personne défunte.

* Lorsque vous êtes prêt pour appliquer cet exercice, prenez une photo de la personne et posez-là devant vous, comme si cette personne était avec vous, prête à vous écouter. Vous pouvez également déposer une bougie blanche près de vous pour ajouter un peu plus d'ambiance.

* Écrivez-lui une lettre comme si c'était la dernière fois que vous aviez la chance de lui parler. Décrivez vos émotions, vos douleurs, vos peines, vos joies, etc. Dites-lui ce que vous ressentez au fond de vous et ce parfois même depuis plusieurs années. Il est important de prendre votre temps pour rédiger cette lettre car plus vous réfléchirez à ce que vous voulez lui transmettre, meilleures seront vos chances de tout lui dire, même s'il faut pour cela suspendre la rédaction pendant un moment pour y revenir un peu plus tard. N'oubliez pas que si vous avez des questions à poser, c'est le bon moment pour le faire. Précisez-lui qu'elle peut vous répondre lorsque bon lui semblera et de la façon qui lui conviendra le mieux. N'oubliez pas de signer votre lettre.

* Relisez ensuite votre lettre à haute voix, comme si vous la lisiez à cette personne. N'essayez pas de mettre vos émotions de côté car elles font partie de vous et laissez les s'écouler de vous.

Pliez ensuite votre lettre et mettez-la dans une enveloppe que vous avez pris soin d'adresser à la personne défunte. Prenez ensuite votre enveloppe par un coin et brûlez-là en la déposant dans un récipient qui à l'épreuve du feu (un grand cendrier, un sceau de métal, un foyer, etc.) si le feu s'éteint rallumez-le jusqu'à ce que l'enveloppe soit entièrement consumée.

* Laissez les cendres refroidir et répandez-les ensuite au gré du vent. Dans les jours qui suivent, demeurez alerte aux réponses qui vous parviendront. Que ce soit par le rêve, le ressenti ou même via d'autres personnes, votre réponse devrait vous arriver sous peu.

Cet exercice est excellent pour régler des choses non dites ou qui sont plus difficiles à régler. J'ai souvent conseillé cet exercice à des gens qui, par différents moyens, ont essayé de régler des choses avec des gens encore vivants mais sans succès d'un côté ou de l'autre. Vous pouvez donc, si vous avez des choses qui ne sont pas ou ne peuvent être réglées avec une personne et ce, même si elle est encore en vie, écrire cette lettre. Suivez les mêmes étapes. Vous verrez c'est très libérateur et que ça fonctionne à tous les coups. La seule différence c'est que j'ajoute toujours une étape à la suite de la lettre brûlée.

* Écrivez-vous une lettre comme si vous étiez témoin de cette histoire, comme si vous étiez votre meilleur(e) ami(e) et que vous vous disiez à quel point vous devez passer à autre chose, que vous avez fait le bon choix, etc. Ce n'est pas de vous donner raison mais seulement de vous rassurer et de vous supporter comme si vous étiez une tierce personne qui serait seulement témoin de cette lettre. Par la suite postez-vous cette lettre. Lorsqu'elle vous parviendra, votre mental aura eu le temps de l'oublier momentanément et lorsque vous la lirez, votre cerveau acceptera ce réconfort et votre âme l'accueillera et vous vous laisserez bercer par cet amour que vous vous serez apporté.

Un petit dodo

Ce moyen n'est pas nécessairement un moyen de communication mais peut être très propice et aidant à cet effet. Souvent ,lors d'une perte ou d'un deuil, nous nous sentons désemparés et très fragiles. Lorsque la douleur nous envahit et que le manque physique de la personne disparue est trop intense, il est possible de tenter cette expérience c'est-à-dire d'inviter la personne à se joindre à nous pour dormir pendant un moment. Il est certain que cette expérience n'est pas des plus communes et elle ne fonctionne pas à tout coup.

À mon cabinet, et ce depuis plusieurs années, j'ai vu des gens qui étaient habitués de dormir avec la personne défunte comme le conjoint, la conjointe et même des enfants. Le choc de ce vide créé dans cet espace de repos devient même souvent une certaine forme de traumatisme. Les effets secondaires de ce traumatisme sont : l'insomnie, les cauchemars, l'angoisse allant même jusqu'à causer des problèmes physiques en raison du manque de sommeil.

C'est un petit truc qui fonctionne également si vous avez de la difficulté à dormir. Vous pouvez demander à un ange ou un être de lumière de venir vous accompagner dans votre sommeil. Il est certain que l'âme ne restera probablement pas toute la nuit avec vous mais elle y sera et y restera probablement jusqu'à ce que vous vous endormiez.

* Avant de vous endormir, prenez un coin du drap, de l'édredon, de la couette ou de ce avec quoi vous vous recouvrez pour dormir et ouvrez-le comme si vous faisiez une place à cette personne. Demandez-lui (toujours en respectant sa volonté) de venir dormir avec vous. Expliquez-lui votre besoin. Attendez quelques instants, refermez la couverture et placez-vous dans la position que vous adoptez habituellement pour dormir. À un moment donné, vous sentirez une présence à vos côtés. Vous ressentirez alors cette présence très physique par un frisson général ou un petit courant d'air froid sous les couvertures.

Vous pouvez également avoir l'impression que quelqu'un vous touche. Accueillez-la et remerciez-la de sa présence. Endormez-vous maintenant en vous laissant bercer par sa présence.

Fait à noter : par le passé, j'ai souvent observé des événements cocasses reliés à cette expérience, surtout si vous ne dormez pas seul car l'autre personne qui dort avec vous peut également ressentir cette présence. Si vous le pouvez, avisez l'autre personne de cette expérience pour qu'elle ne panique pas et n'ait pas peur.

L'écriture spontanée (écriture automatique)

Une autre façon de communiquer avec les êtres défunts est-ce qu'on appelle l'écriture spontanée. Plusieurs personnes appellent également cette pratique l'écriture automatique mais je n'ai jamais vu aucun stylo ou aucune plume écrire automatiquement sans qu'on ne les tienne dans nos mains. Ce principe qu'est l'écriture spontanée est relativement simple mais avant tout, vous devez alors faire preuve d'une grande patience. L'être humain est fait de trois couches : le corps physique, le corps psychologique (communément appelé l'esprit) et le périsprit. Le périsprit est la matière qui rassemble le corps physique et l'esprit pour interagir avec la matière. L'âme du défunt, de l'ange ou du guide nous contacte grâce à ce périsprit, ce qui fait en sorte que ces âmes peuvent communiquer avec nous. Il faut être très patient car souvent, on peut attendre des heures avant qu'un simple gribouillis apparaisse. Il se peut que les choses que vous pouvez avoir ne soient que des gribouillis illisibles ou des suites de mots incohérents. Plusieurs personnes parviendront à rédiger des messages cohérents et parfois même dans une écriture totalement différente de la leur.

* Premièrement, trouvez un endroit tranquille ou il n'y a pas de risque que vous soyez dérangé. Débranchez le téléphone et fermez le cellulaire afin de pouvoir vous concentrer. Vous pouvez mettre de la musique douce ou tout simplement demeurer dans le silence absolu. Assoyez-vous confortablement et tamisez les lumières.

Vous pouvez également vous allumer une bougie blanche pour permettre aux entités de comprendre votre acte de foi.

* Il est important de demander clairement à la personne avec qui vous voulez communiquer d'être présente si c'est sa volonté. Certaines personnes utilisent également des prières afin de se protéger pendant cet exercice. Il n'y a pas de façon claire et précise de demander cette protection. Faites-le dans vos mots et comme vous le sentez. Vous pouvez utiliser une phrase telle que « je demande à Dieu de permettre à l'esprit de___(nom de la personne)___de communiquer avec moi et de me faire écrire. Je demande également à mon ange gardien de bien vouloir m'assister et de tenir à l'écart les âmes et les esprits négatifs. »

* Détendez-vous et concentrez-vous. Placez devant vous plusieurs feuilles blanches et prenez également un crayon ou un stylo que vous tiendrez dans votre main, sans forcer ni exercer de pression, comme vous écririez d'habitude. Laissez reposer votre coude naturellement sur la surface de travail sans contracter quelque muscle que ce soit. Votre main doit être libre de bouger naturellement.

* Placez le bout du stylo ou la mine du crayon au haut de la page est restez maintenant parfaitement détendu et soyez patient. À un moment donné, vous sentirez, dans votre bras, une sorte d'engourdissement, comme s'il devenait très lourd. Vous sentirez que votre main est soudain prise d'une impulsion incontrôlable et elle commencera alors à tracer des gribouillis sur la feuille. Il ne s'agira probablement que de traits ou des dessins sans aucun sens. Vous pourrez alors commencer à interroger l'âme qui aura pris contact avec vous.

* Posez alors vos questions, vos interrogations et restez ouvert à cette communication. Votre main commencera alors à écrire ce que vous ressentirez en vous. Vous pouvez par exemple demander des renseignements, des conseils sur certains problèmes qui vous tourmentent.

Il est important de comprendre que vous n'obtiendrez pas nécessairement toutes vos réponses du premier coup. Alors il ne faut pas se décourager si, au cours de la première tentative, vous n'obtenez rien, persévérez et recommencez l'exercice quelques jours plus tard. Vous obtiendrez éventuellement cette communication.

L'erreur que la plupart des gens commettent et même certains médias ou voyants, c'est d'interpréter certains mots ou portions de phrases selon ce que vous désirez entendre. Exemple : une âme qui écrirait le mot « paix » ne veut pas nécessairement dire qu'elle est en paix. Celle-ci recherche peut-être cette paix ou souhaite la paix pour vous. Évitez également d'interpréter les messages que vous recevrez dans un dialecte commun est normal afin de les transcrire dans un français des plus parfaits. Les âmes défuntes écrivent généralement comme ils parlaient lorsqu'ils étaient vivants. Vous pouvez également tenir un journal des exercices que vous tentez. Ainsi, vous pourrez observer les progrès que vous réaliserez. Inscrivez-y vos résultats et joignez-y même les feuilles que sur lesquelles vous avez noté les messages reçus. Même si vous n'avez rien reçu du tout, notez quand même votre expérience. De cette manière, vous pourrez savoir combien d'essais vous avec tentés avant d'obtenir des résultats.

Le contact via un canal (médium ou voyant)

Une façon bien particulière d'établir un contact avec l'âme d'un défunt ou d'une défunte est de passer par quelqu'un qui possède des facultés médiumniques. Que ce soit par le biais d'un voyant, d'un médium ou tout autre canal, ce contact privilégié avec vos proches demeurera une expérience importante et enrichissante. Cependant, il faut être prudent car il y a malheureusement beaucoup de soi-disant médium, que j'appellerai poliment « des médiums récréatifs » qui, du jour au lendemain, s'instituent communicateurs avec le royaume des morts. Je tiens à préciser ici que mon intention n'est pas de dénigrer plusieurs très bons médiums peuvent faire en sorte, par différents moyens et outils, que vous obteniez les contacts que vous espérez. Je dis seulement qu'il faut être vigilant.

Tout le monde a entendu parler, un jour ou l'autre, d'une soi-disant « tireuse de cartes » qui pouvait entrer en contact, via la transe, avec les esprits des morts. De soi-disant clairvoyants capables d'entrer en contact, à l'aide d'une boule de cristal, avec tous les morts possibles. Il faut savoir démêler la réalité de la fiction. Je ne juge aucunement le travail de ces gens mais il faut savoir reconnaître les forces et ses faiblesses de chacun. Prenons mon exemple personnel : je n'avouerai jamais à être un professionnel de la médecine alternative comme l'herboristerie, la naturopathie ou toute autre forme de techniques visant à soulager le corps avec des produits naturels même si j'ai certaines connaissances à cet effet. Même si je suis un médium reconnu internationalement, je ne suis pas « un guérisseur » ! Je connais mes forces et mes faiblesses. Le problème c'est que plusieurs personnes ne voient que l'aspect monétaire de cette doctrine. Il est facile pour monsieur ou madame tout le monde de s'inventer des dons de médium, de solliciter des gens par le biais des journaux ou des médias sociaux et de demander des montants astronomiques et carrément exagérés pour organiser de faux contacts.

Voilà pourquoi il est important d'effectuer quelques recherches au sujet de la personne avec laquelle vous voulez prendre contact avant de le faire. Aujourd'hui, grâce à Internet, beaucoup de gens dévoilent leur vie sur des pages personnelles. À partir d'un quelconque moteur de recherche, vous n'avez qu'à inscrire le nom du médium ou du canal au sujet duquel vous désirez des informations et vous les obtiendrez sûrement dans les minutes qui suivent. N'hésitez pas à visiter des forums où l'on discute de ces expériences avec ces médiums. Je ne dis pas que tous les médiums sont répertoriés sur Internet mais bien qu'il est facile d'obtenir des informations quant à la crédibilité de certaines personnes. Si vous ne trouvez rien à son sujet, ça ne veut pas nécessairement dire qu'elle n'est pas bonne.

Elle est peut-être tout simplement moins connue. Soyez prudents dans vos recherches, posez des questions à des gens qui ont rencontré ces médiums pour savoir comment ils ont acquis leur expérience. Vous pourrez ainsi vous faire une meilleure idée. L'expérience d'un contact avec l'au-delà en est une hors de l'ordinaire. C'est également un moment privilégié que vous ne vivrez peut-être qu'une seule fois au cours votre vie. C'est pourquoi vous devez préparer cette rencontre et vous informer avant d'établir un contact.

Par le passé, plusieurs personnes m'ont déjà suggéré que les médiums ne devraient pas demander d'honoraires car il s'agit d'un don de Dieu est un don ne doit pas être utilisé à des fins lucratives. Ils prétendent que les services d'un médium devraient toujours être gratuits. Je les comprends mais laissez-moi vous dire dans le monde où nous vivons, la réalité est tout autre. Essayez de m'imaginer expliquant à mon directeur de banque que je ne peux pas effectuer mes versements hypothécaires parce je ne peux pas demander d'argent lorsque j'utilise le don qui m'a été transmis et que je dois travailler gratuitement. Je crois que je me ferais immédiatement reconduire à la porte de l'établissement et que je deviendrais très rapidement un sans abri. Le problème provient de l'exagération de certains médiums dans l'établissement de leurs honoraires. J'ai vu des médiums demander des sommes astronomiques pour des consultations de piètre qualité. Je crois qu'il revient à chaque personne de demander des honoraires convenables et qui tiennent compte de ses convictions. Il n'est pas rare de voir et d'entendre des histoires où des gens ont payé à des supposés « guérisseurs » des sommes allant même jusqu'à 50 000$, en se faisant promettre de les guérir naturellement d'un cancer ou de déposséder quelqu'un qui était soi-disant habité par le démon. La cupidité humaine prend ici toute la place. J'ai personnellement vu et connu des voyantes et des tireuses de cartes qui, face à la demande croissante, augmentaient leurs honoraires de 50$ à 250$ en s'inventant un canal avec les morts et un disant à leurs clients tout ce qu'ils voulaient bien entendre. C'est là où le jugement humain doit être utilisé à bon escient.

C'est à vous, et à votre portefeuille, de juger. Mais ne vous laissez pas berner car le jour où vous rencontrerez un vrai médium, un vrai canal, vous hésiterez et serez plus fermé face à ce contact réel.

Lorsque vous avez pris rendez-vous avec ce médium et que vous vous rendez à destination, partagez avec lui vos questionnements et vos interrogations. Il pourra vous répondre afin de vous mettre à l'aise face à l'expérience qui se produira sous vos yeux. Il se peut qu'avec certains médiums, vous ayez des affinités que vous n'aurez pas avec d'autres. Ce n'est qu'une question de chimie énergétique. Lorsque vous avez le contact avec vos proches qui sont disparus, vos anges ou vos guides, accueillez ces messages et laissez les émotions faire leur travail. Ce n'est pas une expérience facile mais si elle est faite de façon respectueuse et authentique, ce sera sûrement l'une des plus belles de votre vie. En sortant de mon cabinet, plusieurs personnes me disent qu'elles se sentent transformées et peuvent maintenant avancer dans leur deuil et leur vie. Il est vrai qu'une telle expérience de contact avec une personne défunte ne laisse personne sans réaction et provoque des changements dans leur vie.

Par la suite, une fois que tout est absorbé, réfléchi et vibré, vous pourrez essayer d'effectuer vos contacts par vous-même. Cependant, plusieurs personnes ressentent le besoin de retourner voir ce médium à quelques reprises afin de continuer cet avancement de vie et cette progression personnelle via les contacts avec l'au-delà.

Je ne vous dis pas qu'il est nécessaire et impératif de voir un médium pour pouvoir communiquer avec des défunts mais si, après plusieurs tentatives, vous ne réussissez pas à établir la communication par vous-même, les médiums sont des outils auxquels vous pouvez avoir recours. Mon conseil personnel est d'essayer d'établir le contact par vous-même.

Si, au bout d'un moment et de plusieurs échecs, vous n'y arrivez pas et si vous en ressentez le besoin, vous pouvez alors prendre les dispositions nécessaires et consulter un professionnel qui vous aidera à établir ce contact.

Communiquer avec son ange

La communication avec les anges est l'une des plus vieilles formes de communication car elle remonte au début des temps. Nous savons que partout dans le monde et dans toutes les cultures et religions, les anges, « les messagers de Dieu » ont toujours été source de communication et de prière entre l'homme et l'univers. Mais avant de pouvoir communiquer avec un ange, nous devons nous demander ce qu'est un ange.

Les anges sont tout d'abord des entités qui ont été créées lors du deuxième jour de la création pour, d'abord et avant tout, nous guider et nous aider. Étymologiquement, le mot ange signifie « porteur de messages, messager » et provient du mot « angélus ». Bizarrement, l'anagramme du mot ANGÉLUS est LANGUES, ce qui justifie que les anges sont les messagers. Un ange est également un État de conscience élevée et supérieur qui représente les vertus et les qualités divines dans toute leur essence et dans leur conception originelle. La science initiatique a toujours présenté l'Ange ailé. Que ce soit pour représenter le mi-homme, mi-oiseau signifiant le voyage qu'il peut faire à travers les cieux, ou pour exprimer ce qui se passe à l'intérieur d'un être lorsque ces énergies puissantes sont réactivée , par exemple la paix, la liberté et l'amour retrouvé qui donnent des ailes.

Il y a également une autre version de l'histoire où l'on raconte que les anges seraient destinés et créés pour devenir l'armée céleste de Dieu. Dans cet extrait qui fut appelé la guerre contre Satan et les anges déchus, on prétend que cette même armée chassait les impies et les négatifs. Plusieurs livres et ouvrages sur les récits des anges ont été écrits.

Selon moi et en tenant compte de mon expertise, c'était vrai pour plusieurs d'entre eux dont Thomas du récit fantastique ou carrément « ésotérique bonbon ». La plus grande stupéfaction des gens qui sont passés dans ce monde est de constater que les anges n'ont pas de plumes ni d'ailes. Ce sont leurs auras de lumière très forte qui les entourent qui illustrent cet aspect ressemblant à des ailes. Les anges sont répertoriés selon des critères, des trônes, des cœurs, etc. Depuis plusieurs années, les anges sont devenus une mode, celle des Anges-gardiens. Il faut faire attention de ne pas tomber dans le farfelu. Communiquer avec son ange-gardien ou ses anges est aussi simple que d'appeler son voisin au téléphone. La foi est ce qu'il y a de plus important. Que vous leur parliez à haute voix ou dans votre tête, ces êtres de lumière sont dotés du pouvoir télépathique, ce qui veut dire qu'ils sont capables de lire nos pensées et d'entendre ce que nous leur demandons en nous. Par contre, je me dis toujours qu'aujourd'hui, avec la quantité de choses qui nous trottent dans la tête, il est plus facile de s'exprimer à haute voix, car c'est ainsi que nous nous faisons bien comprendre lorsque nous présentons nos demandes.

Nous pouvons tout demander à nos anges, que ce soit la protection, l'aide, l'orientation ou d'être éclairé sur quelque sujet que ce soit. Ils sont là et veillent sur nous, que nous le voulions ou pas. Cependant, les anges sont dépourvus de leur libre arbitre qui, selon l'histoire leur a été enlevé par Dieu lui-même lors du deuxième jour de la création.

C'est ce qui fait en sorte que les Anges ne répondront à vos demandes que si vous les formulez ouvertement. Ils sont comme les gardiens des enfants de Dieu.

Mais attention, il ne faut pas tomber dans l'absurde. Oui, les Anges possèdent plusieurs capacités et sont pourvus d'omniprésence mais quelques soi-disant spécialistes de l'angéologie affirment que certains anges ont des capacités aidantes comme de trouver un stationnement ou encore un ange des opticiens, des avocats ou même des informaticiens...

L'homme joue vraiment à Dieu par le biais de ces spécialistes récréatifs qui affirment toutes ces balivernes. Sachons faire preuve de gros bon sens! Croyez-vous vraiment que le 2e jour de la création, Dieu a dit à un ange que son travail serait de veiller sur les stationnements ou sur les mécaniciens alors que les voitures n'étaient même pas encore imaginées par la conscience de l'homme? Laissez-moi en douter. Par contre que l'on pense à Sabraël pour la santé, Raphaël pour les études, Mickaël pour la protection, ceux-ci sont réels et ne demandent qu'à vous aider. Ils peuvent vous orienter lorsque vous en avez besoin mais ne peuvent pas vous donner ce que vous demandez directement. Par exemple : un ange ne peut pas vous trouver un travail ou vous faire gagner le million mais il peut veiller à vous aider à obtenir l'abondance nécessaire pour payer vos factures et vivre dignement.

Certains utiliseront la prière, d'autres la communication directe, l'écriture ou tout autre moyen mais la meilleure façon de faire est de choisir celle où vous vous sentiez le plus confortable. La foi est ce qu'il y a de plus important. Croyez-y et ne désespérez pas. Par contre, vous devez prendre votre vie en main. Les Anges vous accompagneront, ils vous aideront mais ne pourront pas vivre votre vie à votre place. Comme je le précise depuis le début, vous devez faire preuve de foi; la foi en Dieu, en l'Univers mais surtout en vous. La confiance en soi et l'action permettent de faire acte de foi. Ce qui veut dire que vous montrez à l'univers que vous croyez en eux et que vous contribuez à être prêt à recevoir votre petit coup de main.

Pour remercier son ou ses anges pour le travail accompli, la lumière est la plus belle des récompenses. Quelquefois, utiliser une effigie qui nous les rappelle aide beaucoup (ex. : bibelot, peinture, photo ou image). Allumer une bougie en leur honneur constituera le plus beau merci que vous pourrez leur faire et témoignera de la foi que vous avez en eux.

Une autre forme de communication du type « divin » est celle du contact que nous pouvons faire avec nos guides. Que vous l'appeliez guide spirituel, guide de lumière ou guide de vie, c'est cette personne qui vous accompagne et vous conseille tout au long de votre vie et même sur vos cheminements karmiques. Ce guide n'intervient pas directement dans votre vie. Il faut le rechercher, lui parler, le ressentir et lui demander conseil afin de toujours nous amener vers le bien et l'épanouissement personnel. Les guides ne sont pas des anges; ce sont des êtres de lumière très avancés qui sont là pour aider à conscientiser et établir notre vie. Par le passé, j'ai vu plusieurs personnes remettre entièrement leur vie aux mains de leur guide. Leur croissance personnelle ainsi que le travail spirituel était uniquement basé sur leur guide. Ces personnes comptaient à 200% sur leur guide pour les amener et les guider tout au long de leur vie. J'ai même vu des gens commettant des erreurs et qui se disait protégés car leur guide était là pour tout effacer. À mon avis, dans cette situation, nous sommes face à un manque de gestion personnelle. Les guides ne peuvent pas tout faire pour nous, ils sont également, tout comme les anges, dépourvus du libre arbitre.

J'ai également vu des gens se disant très seuls et croyant qu'il n'y avait personne pour veiller sur eux. Ils se croient seuls au monde et pensent que personne ne sera là pour veiller sur eux lorsqu'ils décèderont. Il est totalement faux de croire que nous sommes seuls. Il s'agit d'avoir la foi et de tenter un contact avec ce guide. Le guide de vie est là depuis le début de vos incarnations. Il a généralement un, deux ou trois protégés. C'est vous qui avez choisi cette personne au tout début. Ce guide est là pour vous aider à mener à terme ce que vous avez choisi de vivre dans cette incarnation. C'est comme si vous lui aviez remis un registre décrivant les grandes lignes de ce que vous vouliez vivre et régler. Souvent, les guides sont peu loquaces mais ils savent nous mettre sur la bonne voie.

Parfois nous trouvons que la voie par laquelle nous nous rendons et celle que nous empruntons ne sont pas nécessairement les bonnes mais il faut faire confiance. Nous choisissons en grande partie notre destin. Le guide ne fait que placer les pions où ils doivent l'être sur le grand échiquier de la vie.

Il arrive aussi que le guide de vie vous pousse à vous replonger sur vos actions de vos vies antérieures afin d'agir au mieux. Vous êtes bien évidemment libre d'agir comme bon vous semble mais votre guide de vie veille toujours sur vous et vous permet d'emprunter les bons chemins et d'agir correctement. Il est possible que votre guide de vie entre en communication avec vous, cela arrive parfois à travers des flashs, pendant vos rêves ou par une personne interposée. Il faudra seulement décoder le message de votre guide spirituel.

Il est simple de communiquer avec notre guide : il suffit de lui demander son aide, et ce, de façon claire nette et précise, que ce soit par la prière, la méditation, la concentration ou tout autre façon où vous vous sentirez le plus à l'aise.

Un moyen efficace est le journal de guides. C'est un peu comme un journal personnel, exemple un journal intime, entre vous et vos guides. C'est une bonne façon de pouvoir tenir le registre des demandes que vous faites. Vous pourrez ainsi communiquer avec votre guide et y inscrire les réponses qu'il vous transmettra.

* Tout d'abord, choisissez-vous un petit livre vierge, du type journal, d'un format que vous aimez. Décorez-le à votre goût. Vous pouvez l'égayer en ajoutant des autocollants, des paillettes de couleur, un signet ou même un beau stylo. Il sera votre journal intime de guide. Laissez donc l'inspiration vous guider dans la réalisation de cette décoration. Vous n'avez pas besoin d'être un artiste pour effectuer cet exercice mais seulement d'une bonne dose d'inspiration.

* Sur la 1ère page, écrivez une pensée qui vous touche, un mot que vous ressentez en vous. Vous pouvez prendre des citations toutes faites d'un philosophe, d'un sage ou d'une personnalité que vous appréciez.

* À l'intérieur, la première chose que vous devriez demander à votre guide est son nom. Écrivez ensuite vos demandes, vos inquiétudes et ce sur quoi vous voulez que votre guide vous éclaire et/ou vous dirige. Notez la date en haut de la page car cela nous permettra d'évaluer approximativement le temps qu'il prendra pour vous répondre.

Que ce soit par le rêve, la clairaudience, la clairvoyance ou même par le biais d'une tierce personne, votre guide saura se faire entendre. Surtout n'oubliez pas, les guides sont comme les anges, à l'image de Dieu; ils sont là mais ils ne vous aideront que si c'est votre volonté et votre Foi et que vous acceptez qu'ils vous aident.

Communication avec Dieu & les autres

De quelque religion que l'on soit, depuis des centaines d'années, l'humain communique avec le Créateur (Dieu) et il est normal de faire cet acte de Foi car il est notre père à tous. Je parle bien entendu ici du créateur de votre âme et non de votre corps. Peu importe le nom que vous lui donnez, cela n'a aucune importance mais de lui parler est aussi simple que de parler à un ami ou de jaser avec une personne quelconque.

D'aller dans des lieux cultes ou de recueillement tel une église, un temple, ou autre, peut aider si vous en ressentez le besoin. Vous pouvez également le faire chez-vous, dans la voiture, au travail ou dans un tout autre endroit que vous voulez car il est omniprésent et il entend chacune de vos demandes, de vos interrogations et de vos prières. Ayez toujours du respect envers Dieu (ainsi qu'envers les anges, les guides, etc.,) et demandez-lui des choses dites normales. Il ne peut pas vous donner les plus beaux atouts, une vie de rêve parsemée de grandes richesses.

Demandez-lui des choses qui viennent du cœur et il saura vous écouter. Il vous guidera sûrement sur la bonne voie ou vous apportera, au moment où il l'aura décidé, ce que vous lui avez demandé. N'ayez pas peur de lui communiquer vos peurs, vos tristesses, vos joies, votre colère, etc. Il est là pour vous écouter et les recevoir. N'oubliez pas de le remercier pour les bonnes grâces dont il a fait preuve à votre égard

Il est très simple de laisser transmettre ses messages vers les autres âmes. La plupart du temps, nous appelons cela « prière » mais une prière est également un message que nous envoyons à une tierce personne dans l'Univers. Qu'elle soit un personnage religieux, un ange, un guide, une âme défunte, etc., nous pouvons seulement nous recueillir et parler simplement à ces Êtres de lumière et d'amour.

Que ce soit dans votre quotidien, en relaxant dans un fauteuil, au volant de votre voiture ou d'une tout autre façon, la communication simple avec l'Univers se fait très simplement et sans artifice. Certaines personnes auront besoin d'aller dans un lieu de prière telle une église, une synagogue, un temple, etc. mais tout ceci est déjà en vous. Si vous en ressentez le besoin, allez-y mais si ce n'est pas le cas, vous pouvez le faire chez- vous, dans le confort de votre foyer. Il est certain que poser le geste d'allumer une bougie aidera à faire entendre votre message mais ce n'est pas nécessaire car nous parlons ici d'Êtres de haut niveau.

Chapitre 7

La réincarnation

" La mort, ça ne s'apprend pas. On ne peut apprendre que ce qu'on peut répéter. La mort est un fait unique et un fait brut. À partir du moment où on ne croit pas à un au-delà ou à une réincarnation, il ne reste plus qu'à accepter le néant. »

Jean-François Revel

La réincarnation est, encore aujourd'hui, un passage de la vie qui demeure toujours un grand tabou. Plusieurs personnes croient en ce principe de retour à la vie éternelle et certaines autres croient qu'après cette vie tout s'éteint. Il est certain que pour plusieurs, ce principe est difficile à comprendre. Pourtant, depuis la nuit des temps, c'est un principe commun de diverses croyances, religions et pour la croissance personnelle de bien des gens. Mais avant de comprendre comment la réincarnation fonctionne, il serait bon de vous expliquer ce qu'est la réincarnation.

La réincarnation est une croyance selon laquelle l'âme de la personne accomplit des passages de vie successifs à l'intérieur de différents corps humains. À la mort du corps physique, l'âme le quitte pour éventuellement passer à une nouvelle naissance dans un autre corps. Certaines croyances relatent également que l'homme pourrait évoluer en grandissant à travers ses vies et pourrait se réincarner en différents aspects tels que des animaux, des humains, des insectes, etc. Cette dernière affirmation demeure dans la croyance des gens et n'est pas reliée à la réalité des choses. L'homme ne se réincarne pas en chien ou en fleur. Comment pourrait-il évoluer en passant d'une vie d'homme à une vie dans un corps animal? L'homme évolue par l'homme et en l'homme.

Cette évolution qu'est la réincarnation est tout simplement une croissance de l'âme qui suit son parcours d'étude et d'enseignement afin d'obtenir la raison de ce retour : la connaissance et l'amour.

On retrouve des récits de cette croyance en la réincarnation à différentes époques du monde et en divers lieux. Dès la préhistoire, l'homme croyait en une vie après la mort puisque des sépultures et des dessins, qui étaient à l'époque tracés sur les murs des cavernes, faisaient allusion à une forme de vie après la mort. Par la suite, ce sont les Égyptiens qui en ont parlé ouvertement.

Malheureusement l'égyptologie officielle ne reconnaît pas ces dires même si, dans plusieurs écrits et surtout dans plusieurs passages du livre des morts, on en fait mention. Ce sont vraiment les doctrines du bouddhisme et de l'hindouisme qui ont perpétué l'idée de la réincarnation et ce jusqu'à nos jours. Nous n'avons qu'à penser au dalaï-lama du Tibet dont tout le monde a reconnu qu'il était l'incarnation actuelle du premier dalaï-lama.

Même au 6e et au 7 e siècle avant Jésus-Christ, la doctrine théologique grecque admet l'immortalité de l'âme. Cette doctrine stipulait que les âmes étaient soumises à des réincarnations successives afin de se purifier.

C'est à la naissance du christianisme qu'on a perdu les notions de la réincarnation. Le clergé stipulait qu'il était faux de croire en ces retours constants. L'Église préférait adopter la doctrine du jugement dernier et de la résurrection de la chair. Encore aujourd'hui, la religion catholique nie les principes de la réincarnation. Pourtant, dans les Évangiles, le Christ, plusieurs fois, fait référence à ces principes et à des vies antérieures :

Mathieu XI, 11-15 : «Jésus dit alors: je vous le dis, en vérité, parmi les enfants des hommes, il ne s'en est pas levé de plus grand que Jean le Baptiste.

Si vous voulez le comprendre, lui-même est Élie qui devait revenir. Que celui-là entende, qui a des oreilles pour entendre. »

Jean III, 3 : « En vérité, je te le dis : nul, s'il ne naît à nouveau, ne peut voir le royaume de Dieu. »

Il y a également plusieurs passages de la Bible où l'on cite des allusions face à cette réincarnation. Je ne fais que citer ce passage où les prêtres et les Lévites demandent à Jean-Baptiste : « Es-tu Élie ? » Selon la tradition juive, le jugement dernier sera précédé par un retour sur terre du prophète Élie13. Jean-Baptiste répond : « Je ne le suis pas » (Jean 1:21), mais la simple existence de la question est considérée par certains comme un signe de la croyance en la réincarnation.

Je crois que la problématique de cette confusion réside entre l'Assomption et la réincarnation. Plusieurs personnages historiques ou mythiques ont connu l'Assomption. Ils n'ont donc pas nécessairement connu la mort. Outre la vierge Marie, Moïse, Enoch et Élie, signer dans la Bible ne permet pas de dire que le prophète Élie est effectivement mort. Le texte évoque un « enlèvement » au ciel sur un char de feu (2 Rois 2:11). Les prêtres et les Lévites parlaient (peut-être) d'un retour d'Élie mais en tant qu'entité vivante n'ayant jamais connu la mort. Dans la péricope de la transfiguration (Matthieu 17:12,13), on peut lire :

« Et les disciples lui posèrent cette question : « Que disent donc les scribes? Qu'Élie doit venir d'abord ?» Il répondit : «Oui, Élie doit venir et tout remettre en ordre. Or, je vous le dis, Élie est déjà venu et ils ne l'ont pas reconnu mais l'ont traité à leur guise. De même le Fils de l'homme aura lui aussi à souffrir par eux.» Alors les disciples comprirent que ses paroles visaient Jean le Baptiste. »

Plus près de nous, au 13e siècle, les Cathares disaient : « Nous sommes venus trop tôt, nous reviendrons dans 700 ans ».

Ce ne sont là que quelques exemples que l'on peut facilement trouver à travers les grandes écritures. Alors vous comprendrez que, dans le parcours de l'histoire, la réincarnation est partie prenante de la culture. Qu'on l'écrive en grandes lettres ou qu'on la dissimule entre les lignes, les croyants et les disciples se retrouvent aujourd'hui par milliard.

Malgré toutes les preuves accumulées depuis des siècles, la réincarnation a encore beaucoup d'adversaires car depuis des siècles, on nous a répété qu'on ne disposait que d'une seule vie pour gagner le paradis sinon nous obtenions un aller sans retour pour l'enfer. Si nous croyons cette dernière station comme l'expression qui dit : « On a juste une vie à vivre ! », comment les gens parviendront-ils à la perfection en une seule existence ? Plusieurs personnes n'y parviendraient pas seulement par manque de volonté mais parce que certains sont souvent victimes de l'abus des autres. C'est ici que l'humain fait preuve d'un grand manque de conscience humaine.

Mais dans l'historique approfondi passant un peu à la pratique, la vulgarisation de la réincarnation n'est pas chose facile. Je tenterai toutefois de le faire pour vous. Premièrement, il faut comprendre que la réincarnation s'adresse à l'évolution de l'âme humaine. Il est ridicule de croire que nous pouvons nous réincarner en animaux ou en fleurs. L'âme ne possède pas de nombre minimum ou maximum d'incarnations. Il en demeure au propriétaire de voir comment il peut progresser et évoluer afin d'obtenir le salut éternel. En d'autres mots, l'âme est un peu comme à l'école. Pendant l'année scolaire, on apprend, on s'amuse, on rit, on pleure et on évolue. À la fin de cette année scolaire (la mort), on prend un peu de temps pour être avec ses amis, on est tristes que cette année soit terminée mais nous nous dirigeons déjà vers la prochaine. On prépare ses choses, sa liste de matériel scolaire, et on profite un peu du peu du temps de vacances qui nous reste.

Je sais très bien que vous me direz que cette vulgarisation de la réincarnation en quelques lignes est un peu tirée par les cheveux mais si on la regarde de plus près, c'est un peu une visualisation de celle-ci.

Lorsque l'âme a préparé son plan de vie, le guide de vie le lui présente, car oui on choisit l'un ou l'autre et parfois même chacun des plans de vie de nos parents. J'entends déjà des phrases disant : « Comment un enfant peut-il choisir des parents alcooliques ou violents ? »Je vous répondrai qu'aucun enfant ne choisit la violence ou les sévices corporels, il choisit l'âme du parent. J'ai même déjà entendu des gens me poser des questions du genre : « Mon fils est handicapé et une voyante m'a déjà dit que c'est parce qu'il était l'âme d'un suicidé dans sa dernière vie ». Quelle atrocité de croire de pareilles choses!

Aucun corps physique ne prévoit, durant la période entre ses incarnations, de le mutiler pour pouvoir payer sa dette karmique ! Il faut comprendre que lorsque nous choisissons nos parents, nous choisissons un ou des êtres qui sont là pour nous apporter ce dont nous avons besoin pour parvenir à notre plan de vie. Ce sont quelques fois même des gens avec qui nous avons été en relation au cours des vies passées, et dont nous avons besoin pour régler certaines choses en lien avec eux et qui ne sont pas terminées ou tout simplement par désir de le faire.

Une fois que l'âme a choisi ses parents, elle flotte au-dessus de la mère pendant approximativement un an. Oui, il est faux de croire que l'âme d'un enfant demeure dans son corps, habitant le ventre de sa mère tout au long de la grossesse. L'âme veille sur la maman afin qu'elle prépare le terrain pour son arrivée sur terre. Lors de la conception, une partie de l'âme de chacun des parents se détache et s'insuffle dans le corps de l'enfant pour le préparer pendant qu'il sera à l'abri dans le ventre de sa maman. C'est ce qu'on appelle « le souffle de vie ». Par contre, le cerveau de l'enfant a conscience des mouvements extérieurs, de la musique, de ses parents qui lui parlent.

Il enregistre toutes les données et les informations perçues. C'est pourquoi que, lorsqu'un enfant entend la voix de sa mère pendant la grossesse, son cerveau enregistre la donnée et au cours de l'enfance arrive une reconnaissance vocale qui n'a rien à voir avec l'âme.

Approximativement 3 mois avant la naissance de l'enfant, l'âme se colle à la mère et ne peut plus la quitter. Le processus de naissance est entamé. Comme l'âme ne peut pas cohabiter complètement dans ce corps qui est à l'intérieur de celui de sa mère, c'est lors de la naissance que l'âme entre dans le corps de l'enfant. C'est le premier choc vivant de l'enfant. Pendant son enfance, de zéro à cinq ans, l'âme de l'enfant sort souvent de son corps et voyage, parfois pas très loin, seulement dans sa propre chambre par exemple. C'est autour de l'âge de 5 ou 6ans que l'âme se fixe un peu plus afin de permettre à l'enfant de vivre normalement et d'assimiler sa vie. Tout au long de notre vie, notre âme évolue dans son parcours pour atteindre la mission qu'elle s'est donnée. Elle peut sortir du corps et voyager comme bon lui semble. C'est ce que nous appelons des sorties de corps, ou, comme on le dit dans le milieu de l'ésotérisme, l'appel ou voyage astral.

Lorsque le corps physique est en douleur ou qu'il est meurtri, l'âme décide souvent de le quitter temporairement pour lui permettre de se régénérer. Plusieurs personnes, et cela vous est peut-être déjà arrivé, ont déjà expérimenté cette sortie du corps. En effet, par le passé, j'ai reçu à mon cabinet plusieurs personnes qui me disaient avoir déjà expérimenté une telle chose. La plupart des gens sortent de leur corps et restent dans le même plan physique, ce qui veut dire qu'ils demeurent dans leur chambre ou à l'endroit où leur corps est couché. Au départ, ce ne sont que des petites sorties de courte durée mais il arrive parfois qu'elles durent un peu plus longtemps. Ces expériences permettent au corps de pouvoir se régénérer rapidement et permettent à l'âme d'être seulement témoin de cette régénération.

Une des preuves de la réincarnation, c'est l'impression de « déjà-vu ». Qui n'a pas déjà été à un endroit ou même fait une action en ayant le sentiment d'avoir déjà accompli ces gestes ou d'avoir vu ce lieu? Je suis persuadé qu'au moment où vous lisez ces mots, plusieurs souvenirs de ces expériences vous reviennent en mémoire. Il y a deux hypothèses à ce type d'expérience. La première précise qu'il est possible que vous ayez rêvé, soit par message ou par rêve prémonitoire, que vous commettiez ces actions ou visitiez ces endroits. Le cerveau, qui avait alors enregistré ces images, se souvient de ces actions. La deuxième hypothèse veut que votre âme ait déjà vécu quelque chose de similaire et d'important au cours de votre dernière incarnation. En effet, votre âme, comme nous le disions plutôt, possède une mémoire et elle y inscrit les événements importants que vous avez vécus lors des dernières incarnations.

Vous remarquerez que lorsque nous vivons cette expérience de déjà-vu, nous nous arrêtons totalement de fonctionner pour nous dire : « J'ai déjà vécu ça », « J'ai déjà vu ça ». L'âme envoie un signal au conscient (cerveau) pour lui faire comprendre qu'une information importante vient de lui parvenir. Il arrive parfois même que l'âme enregistre des peurs et des événements tragiques qui nous sont arrivés lors de la dernière incarnation et qui se perpétuent dans notre présente incarnation. Par exemple, une personne qui serait morte noyée dans sa dernière incarnation aurait une peur incontrôlable et non fondée de l'eau dans cette vie-ci. Ce n'est pas de la mort dont la personne se souvient mais bien de l'élément qui a provoqué la mort. Un autre exemple est celui d'une personne qui aurait vécu une expérience très négative avec le feu. Elle ressentira une certaine forme de crainte face au feu. Ces informations, qui font partie de la mémoire de l'âme, demeurent généralement permanentes et ce, jusqu'à ce que la personne comprenne le fondement réel de cette peur.

Une autre forme de preuve de la réincarnation est l'expérience communément appelée la rencontre karmique.

Qui n'a pas déjà rencontré quelqu'un pour la première fois de sa vie et est certain de l'avoir déjà rencontré dans le passé? Encore une fois, en lisant ces mots, je suis certain que vous vous remémorez plusieurs expériences similaires au cours de votre vie. Il faut également faire la part des choses. Une personne peut nous sembler connue mais en réalité, il peut s'agir tout simplement d'une ressemblance avec quelqu'un que nous connaissons déjà. Dans le cas de l'expérience rencontre karmique, l'âme reconnaît celle de l'autre personne, sans toutefois que les corps ne se reconnaissent. Il est possible que cette personne ait eu une influence au cours de votre dernière incarnation, que cette personne ait été un membre de votre famille, une de vos relations proches ou tout simplement une connaissance. L'âme a enregistré la vibration de l'autre âme et lorsque nous sommes en contact direct avec elle, ça produit le même effet que l'expérience du déjà-vu, ce qui veut dire que nous nous arrêtons spontanément et que notre cerveau tente de chercher l'information sans toutefois la trouver.

Il arrive souvent, lors de la mort physique, que pour quelque raison que ce soit, des gens n'ayant pas terminé ce pour quoi ils étaient en relation avec une personne décident de choisir de continuer de vivre une autre forme de relation avec cette personne. Prenons l'exemple de Marcel et Marie que nous suivons depuis le début. Marcel, ayant quitté sa douce conjointe beaucoup trop tôt, a décidé après avoir pris conscience des plans karmiques, de revivre une autre vie avec Marie. Lors de la programmation de sa nouvelle incarnation, il dit vouloir que Marie soit à nouveau sa conjointe. Dès cette programmation faite, Marcel comprend qu'il vivra une forme de relation avec Marie, mais seulement à la condition que Marie ait également décidé de vivre une relation amoureuse avec lui qu'ils pourront s'unir à nouveau. Si Marie avait décidé de ne pas revivre une relation amoureuse avec Marcel, elle aurait pu tout simplement être pour lui une amie, une sœur, un frère et même un parent proche.

Beaucoup de couples vivent actuellement des relations qui ont été amorcées au cours d'une vie antérieure. Prenez par exemple un couple qui vit une relation amoureuse depuis 3 ans et qui, lorsqu'ils se regardent dans les yeux ou même lorsqu'ils observent leur comportement, ont l'impression qu'ils se connaissent depuis plus de 100 ans. On peut se douter que dans ce cas, il s'agit probablement de la continuité d'une relation karmique. Il faut cependant comprendre qu'il ne s'agit pas toujours de relations karmiques et qu'il arrive souvent que les gens du passé reviennent terminer ce que nous avions entrepris ensemble.

Plusieurs personnes me demandent également, s'il est possible qu'un enfant qui décède en bas âge puisse se réincarner dans la même famille ou même mieux dans la même mère? L'âme d'un enfant qui meurt tôt dans son évolution de vie et qui ne laisse pas d'attaches sur terre aura beaucoup plus de facilité à se réincarner rapidement qu'un adulte et même qu'un adulte qui a des enfants. Les enfants sont très impulsifs. Ils ont toujours soif d'apprendre et ils sont très impatients face à la vie. Il est alors normal qu'un enfant ne veuille pas rester dans la lumière. Il veut continuer d'apprendre surtout si un souci de santé, une mort spontanée ou un incident a fait en sorte de raccourcir sa vie. Il peut décider de revenir à l'intérieur du même cercle familial et même dans la même mère, si celle-ci est toujours apte à donner naissance à cet enfant. Dans le cas contraire, cet enfant qui ressent le besoin de revenir dans ce milieu familial où il n'avait pas terminé ce pour quoi il y était, et qui avait choisi d'y revenir, peut décider de se réincarner dans l'être le plus près de cette relation familiale, c'est-à-dire, par exemple, un frère ou une sœur.

Quant à l'adulte, il est plus complexe pour lui de recréer le processus de réincarnation dans un temps actuel. Par le passé, il m'est arrivé de constater que certaines personnes avaient choisi de se réincarner via un de leurs enfants ou à travers des personnes très proches qui gravitaient autour du noyau familial. Pour le parent, il est encore plus difficile de se réincarner car son âme est incomplète.

En effet, nous avons vu un peu plus haut, que les parents insufflaient une partie de leur âme à cet enfant. Donc, il est rare qu'un parent puisse se réincarner avant d'avoir récupéré sa partie d'âme.

On peut évaluer à approximativement 0,8% des chances que cette âme se réincarne avant son temps. Pourtant, lorsque ce phénomène se produit, certains aspects flagrants peuvent nous faire comprendre qu'il s'agit bel et bien de l'âme d'une personne qui en habite une autre. Pour bien des gens, les yeux sont l'élément clé qui nous amène à nous interroger sur le fait qu'une telle personne s'est réincarnée. Le regard de la personne est le même que celui de celle qui est décédée. Souvent, la forme de l'œil ainsi que la couleur sont très similaires. Les agissements et le comportement sont également de bons facteurs représentant ce phénomène de réincarnation. Par exemple, un enfant de 3 ans qui agirait de la même façon que son frère décédé 5 ans plus tôt à l'âge de 22 ans. Ses agissements, sa posture, son langage, qui ressemblent à s'y méprendre à celui du jeune homme décédé, peuvent nous laisser douter que nous faisons face à un phénomène de réincarnation.

Il existe plusieurs façons de pouvoir analyser et même voir ce que nous avons été lors de nos dernières incarnations. La plus répandue est la régression. C'est une forme de voyage dans le subconscient de l'âme provoqué par un état d'hypnose. C'est un peu comme si nous reculions dans le temps afin de pouvoir comprendre certaines réalités de nos vies. Plusieurs hypnothérapeutes ou hypnologues peuvent provoquer de façon supervisée, lorsque le patient est réceptif et propice à l'hypnose, cet état de conscience qui analyse les informations enregistrées dans l'âme. Une autre façon de pouvoir savoir ce que nous étions dans le passé est de recourir aux services d'un médium qualifié. Celui-ci sera capable d'aller voir dans la mémoire akashique, que l'on appelle également annales akashiques. C'est un peu comme une grande bibliothèque où toutes les informations et les actions que nous avons vécues sont répertoriées.

Nous pourrions vulgariser ses annales en les comparants à un immense disque dur d'ordinateur dans lequel tous les fichiers de nos vies seraient sauvegardés. C'est ce que nous appelons une analyse du chemin de vie.

Plusieurs d'entre vous me demanderont les raisons qui justifient une telle analyse. Eh bien, je répondrai que, parfois, la vie nous apporte son lot de malheurs et d'incompréhensions et que ce n'est qu'une fois que nous avons dressé la liste complète de tout ce que nous pourrions faire pour régler ces petits problèmes que nous continuons à chercher une solution. Il faut peut-être penser qu'il y a des solutions à des problèmes qui pourraient être le résultat d'action ou d'apprentissage venant d'une vie antérieure. Par exemple, de savoir quels sont les karmas que nous avons à vivre peut nous aider à prendre une direction de vie où nous pourrions travailler à améliorer et à régler certains de nos problèmes. Il faut comprendre que ce n'est pas tout le monde qui ressent le besoin de savoir qui ils ont été par le passé ou même de savoir ce qu'ils ont à régler. Mais pour ceux qui en ressentent le besoin, il existe diverses alternatives ou possibilités.

Une autre façon de comprendre ce que nous étions est de demander à notre guide de vie (guide spirituel) de nous montrer et de nous faire revivre les passages importants de ces incarnations. Pour cette expérience, vous allez probablement devoir répéter à plusieurs reprises vos demandes. Soyez assurés que votre guide collaborera à votre requête.

Ce ne sont là que quelques exposés sur la réincarnation et mon but n'est pas d'écrire un livre qui traite de ce sujet mais bien de vous transmettre quelques informations sur le fondement de cette réalité. Que l'on y croie ou pas, la réincarnation a toujours été et demeurera un principe fondamental de la vie. Qu'ils soient religieux ou de croissance personnelle, ces principes de vie viendront à point à qui sait attendre. Plusieurs récits ou livres et même des émissions de télévision ont été conçus sur la base de la réincarnation.

Comme dans toute chose, l'important est d'être ouvert à ce principe de vie. Mon grand-père disait toujours : « On verra bien quand on n'y arrivera ! »Eh bien, je dirai la même chose. Vous verrez au jour dernier, mais ne vous fermez pas à cette idée et respectez celle des autres.

Chapitre 8

Maison hantée, phénomène de hantise, etc.

« C'est l'âme qui fait tout ici-bas ; le reste n'est qu'illusion. »

Georges Meredith

On ne peut pas parler de la mort, ou de la vie après la mort, sans parler des phénomènes paranormaux qui y sont reliés. Le plus connu d'entre eux est celui de la maison hantée. Bon nombre de personnes connaissent quelqu'un qui, de près ou de loin, a déjà vécu de tels phénomènes paranormaux. Mais qu'en est-il vraiment de ces phénomènes étranges? Pour plusieurs, il s'agit encore de légendes urbaines ou de fabulations de l'homme qui utilise ces histoires pour enrichir le folklore d'une famille ou d'un lieu.

Il est vrai que plusieurs de ces histoires demeurent encore du stade de la fiction. Toutes les maisons ne sont pas hantées, comme toutes les personnes ne sont pas possédées aussitôt qu'elles deviennent un peu négatives ou qu'on observe un changement de caractère. Il faut savoir discerner le vrai du faux, même lorsque c'est très difficile à faire.

Il faut également comprendre que ces phénomènes sont répertoriés depuis bon nombre d'années dans toutes les cultures et dans tous les pays du monde. Plusieurs personnes utilisent ces phénomènes pour se donner la frousse ou pour se créer certaines peurs. Nous n'avons qu'à penser à tous les films d'horreur ou de suspense qui ont été réalisés sur le sujet. L'homme développe toujours une certaine fascination face à l'invisible et à l'incompris. L'imagination de l'homme a porté à l'écran des images souvent fausses de ces phénomènes paranormaux, même s'ils sont parfois basés sur des phénomènes réels.

Nous n'avons qu'à penser à des films tels Amityville, Poltergeist, ou tout autre film du genre qui nous montre des images qui pourraient être véridiques mais à lesquelles ils ont ajouté une « saveur américaine ».

Tout au long de ce chapitre, nous verrons les différences réelles entre ces phénomènes paranormaux les plus répandus tels que : maison hantée, cas de possession, phénomènes de hantise, etc. Je ne ferai pas l'énoncé de tous les phénomènes paranormaux possibles mais seulement de ceux auxquels nous pouvons nous relier le plus souvent.

Au cours des dernières années, j'ai moi-même eu la chance de me rendre sur des lieux où des phénomènes se sont réellement produits. J'ai pu constater qu'en raison d'une légère paranoïa causée par un certain genre de films ou par l'apparition de certaines légendes urbaines, plusieurs personnes croient se retrouver face à des phénomènes paranormaux chez eux alors qu'il n'en est rien. Il faut savoir nuancer le tout et comprendre qu'il y a toujours une explication, même s'il peut souvent s'agir du phénomène paranormal lui-même.

Maison hantée

Il faut d'abord se demander ce qu'est une maison hantée. Il s'agit d'un lieu où se produisent des phénomènes paranormaux qui ne sont pas permanents. Je donne souvent l'exemple suivant : lorsqu'une personne défunte, exemple un parent, un ami, un conjoint ou un enfant, décide de visiter des lieux durant une courte période afin de veiller sur les siens ou de transmettre un quelconque message, nous pouvons classifier cette maison comme étant « hantée ». Toutefois, cela ne veut pas nécessairement dire qu'elle est négative ou que les phénomènes qui s'y produisent sont d'ordre négatif. Un parent qui décide, après sa mort, de visiter les siens et de demeurer avec eux pendant une courte période n'a rien de négatif. Par contre, lorsqu'il décide de posséder ces lieux, nous pourrons alors parler d'un phénomène de hantise.

Dans un précédent chapitre, nous avons constaté que les entités peuvent communiquer avec nous de diverses façons. Dans une maison hantée, ces phénomènes paranormaux sont amplifiés par le désir de communication de cette entité. Que l'on parle ici d'objets qui bougent, d'ampoules qui clignotent, de sentiment de présence, ces phénomènes sont aléatoires et non permanents. Souvent, dès que l'entité a pu transmettre son message ou qu'elle soit passée à la lumière, ces phénomènes s'estompent ou disparaissent carrément.

Une façon simple de nettoyer la maison de ces énergies environnantes est d'utiliser de la sauge blanche. Le fumigène, produit lorsque la sauge blanche est brûlée, dégage une énergie électrostatique différente de celle que les entités possèdent. Cette fumée enveloppante et odorante dégage les résidus électrostatiques que ces entités ont laissés derrière eux. Lorsque nous faisons cet exercice, il est important d'ouvrir les fenêtres afin de laisser sortir cette énergie à laquelle nous ne nous identifions pas. Lorsque vous brûlez la sauge, il sera également important de mentionner à l'entité que vous êtes chez-vous et que cette personne n'est pas la bienvenue dans votre maison, qu'elle vous dérange et dérange votre famille. Il est important de lui parler d'une façon directe, à haute voix en étant sûr de soi. Après avoir réalisé cet exercice à quelques reprises, le calme devrait revenir dans votre demeure.

Phénomènes de hantise

Lorsque nous parlons d'une maison où les phénomènes paranormaux deviennent de plus en plus récalcitrants, de plus en plus présents et menaçants, où l'âme d'un ou de plusieurs défunts essaie de s'approprier des lieux, nous faisons face à un phénomène de « para hantise ». Il peut s'agir de manifestations simples comme des objets qui se déplacent seuls, des pas que l'on entend dans les couloirs, du sentiment d'être constamment observé ou de manifestations menaçantes telles que des cadres qui se projettent tout seuls à travers une pièce, des contacts physiques et visuels et même de manifestations fantomatiques.

Lorsqu'on nous nous retrouvons face à un phénomène de para hantise, il s'agit d'une entité qui refuse de quitter la maison ou le lieu. Pour diverses raisons, cette âme refuse la mort et décide de posséder ces lieux.

Au Québec, il arrive souvent que certaines maisons se retrouvent aux prises avec des phénomènes de para hantise mais il ne faut pas paniquer car ces phénomènes se règlent souvent très facilement. Notre patrimoine culturel exigeait que, lors de veillées funèbres, nous exposions les défunts au beau milieu du salon de la maison qui appartenait au défunt ou de la maison familiale. Souvent, l'âme de cette personne ne comprend pas le processus de mort et décide de demeurer dans sa maison. Lorsque la maison est transmise à un autre membre de la génération, l'âme ne comprend pas leur présence dans sa maison. Elle tente donc de se manifester afin qu'ils aient connaissance de sa présence.

Dans ce cas, nous parlons d'un phénomène de para hantise de stade 1 et généralement, il se règle tout simplement en communiquant avec l'entité et en lui faisant comprendre la mort. Mais lorsque les entités sont confrontées à des étrangers qui occupent leur demeure, elles tentent de les faire fuir. L'âme du défunt a peur et n'aime pas que des étrangers résident chez lui. À ce stade, il est un peu plus complexe de faire comprendre la mort à cette entité et de la faire passer à la lumière.

Il arrive parfois que ces entités, lorsque leur énergie est au plus bas et qu'elles n'arrivent pas à faire fuir ces gens, doivent se connecter à l'énergie des résidents. Il arrive même parfois, lorsque nous faisons face à des entités très négatives, qu'elles tentent de posséder des gens qui habitent cette maison ou ce lieu. Nous parlons ici d'un phénomène de pavo hantise, ce qui veut dire que l'entité tente de posséder la maison, le lieu et ses habitants.

Depuis plusieurs années, j'ai rencontré quelques cas où ces phénomènes devenaient insupportables pour les résidents.

Il y a quelques temps, en Gaspésie, j'ai vécu un cas où des entités qui n'avaient aucun lien avec la famille qui habitait la maison tentaient également de posséder les enfants de cette famille, une famille ma foi tout ce qu'il y a de plus normale : un père, une mère et deux jeunes garçons d'âge préscolaire. Ils étaient la proie de deux entités malveillantes qui voulaient leur faire quitter les lieux.

Les entités s'attaquaient au jeune garçon de 3 ans. L'enfant parlait constamment à sa mère des deux méchants messieurs qui ne lui plaisaient pas et qui lui disaient de faire mal à son petit frère. Le garçonnet n'avait jamais vécu à l'intérieur d'une maison libre de ces phénomènes. Ses yeux étaient sombres et un comportement agressif tant envers son frère qu'avec ses parents. Il vivait des terreurs nocturnes constantes et il parlait constamment à ses parents de ces hommes et de cette femme qui lui voulaient du mal.

Les parents se montraient un peu sceptiques face à toute cette histoire et ils croyaient qu'il s'agissait de l'imaginaire de l'enfant, ce qui était normal pour eux puisqu'ils n'étaient pas familiers avec ce genre de phénomènes. Lorsque la mère communiqua avec moi, elle était désemparée. Plusieurs personnes avaient été témoin de ces phénomènes et tout ceci commençait à ruiner leurs relations de couple, familiales et même sociales. Je me suis donc rendu sur les lieux afin de constater s'il s'agissait bien d'un cas de « pavo hantise » ou plutôt d'un problème de comportement de l'enfant. À mon arrivée sur place, en regardant l'enfant, j'ai immédiatement constaté qu'il semblait craintif, qu'il avait peur. J'étais face à un enfant de 3 ans qui n'avait jamais dormi une nuit complète et qui était épuisé. J'ai décidé de faire le tour de la maison afin de trouver l'endroit où les entités avaient élu domicile.

Pendant que j'étais dans la chambre des parents, des bruits sourds me sont parvenus, comme si quelqu'un frappait les murs pour se faire entendre dans toute la maison.

La mère et sa sœur, qui étaient témoin de mon travail, tentaient de filmer l'opération et à chaque fois que je sentais la présence de cette entité passer près de nous, la batterie de la caméra se déchargeait automatiquement et ce, avec une rapidité anormale. Pendant que j'étais encore dans la chambre des parents, un biberon qui se trouvait dans la chambre des enfants s'est projeté directement dans le corridor, comme si quelqu'un l'avait lancé de toutes ses forces en direction de la mère. Inutile de vous dire que les enfants étaient avec leur mère et que leur chambre était vide.

Chaque fois que j'essayais d'entrer en contact avec les entités négatives qui avaient élu domicile dans cette maison, le fils devenait agité, comme s'il avait très peur. Après plusieurs heures de travail, j'ai enfin réussi à extirper ces entités de cette maison et je l'ai ensuite protégée afin que les entités ne puissent plus y retourner.

Quelques mois plus tard, j'ai communiqué avec la mère et elle m'a confirmé à quel point leur vie avait changé. La maison semblait vide et les enfants étaient redevenus des enfants comme les autres. Même la relation avec son conjoint était revenue au plus beau fixe. La réalité de cette expérience de « pavo hantise » laisse souvent une crainte aux témoins d'une telle expérience et les amène parfois à se questionner sur le fait qu'ils pourraient eux-aussi être victimes de tels phénomènes. Ce qu'il faut comprendre c'est qu'il est rare que ces expériences et ces phénomènes se répertorient chez les voisins des victimes. Lorsque les entités quittent la maison, il est extrêmement rare que ces phénomènes reviennent dans les parages.

Il est important, lorsque nous assistons à un phénomène de « pavo hantise », de recourir aux services de professionnels. Aucune personne ne peut régler ces phénomènes à distance. Qu'il s'agisse d'un lieu ou d'une personne, c'est un mythe de penser qu'on peut procéder à une dépossession à distance et ressentir vraiment ce qui s'y passe sans jamais avoir visité les lieux.

Bon nombre de personnes se disent professionnels en dépossession mais bien peu le sont en réalité. Il faut demeurer prudent et prendre des informations avant d'utiliser les services de ces professionnels.

Possession et tentative de possession

Au cours de mes années d'expérience, j'ai remarqué que dès que quelque chose n'allait pas bien chez quelqu'un, son comportement changeait drastiquement. On criait souvent haut et fort que cette personne était possédée. Avant de crier au loup, il faut comprendre que les phénomènes de possession tels que nous les connaissons ont un schéma très précis comportant des comportements, des réactions physiques, des soi-disant « effets secondaires », qui n'ont rien à voir avec les changements de comportement soudains d'une personne. Que ce soit un comportement psychotique ou émotionnel, ces changements n'ont souvent rien à voir avec ce qu'une personne qui fait face à un problème de possession vit.

Tout d'abord, laissez-moi vous expliquer ce qu'est une possession ou une tentative de possession. Comme je l'ai mentionné plus tôt, il arrive souvent qu'une entité soit très faible énergiquement et doive s'agripper à un être vivant pour pouvoir continuer de vivre. Souvent, ce sont des entités du bas astral, des entités négatives qui ne veulent pas mourir et qui s'obstinent à demeurer dans le monde des vivants. Lorsque l'entité perd une partie de son énergie, elle a besoin de la renouveler car elle lui est vitale pour survivre. Lorsqu'il s'agit d'une entité négative, elle tentera de se loger généralement dans les cortex de la colonne vertébrale et, lorsqu'elle aura réussi à isoler l'âme de sa victime, elle répandra son énergie négative restante dans tout son système nerveux.

Elle prendra ainsi le contrôle quasi total sur la personne qui est victime de cette possession. Les résultats feront que la victime ne pourra pas agir par elle-même comme elle le faisait auparavant.

Elle deviendra de plus en plus négative, ses yeux deviendront de plus en plus noirs, elle deviendra de plus en plus fatiguée et son comportement changera radicalement.

Une personne peut vivre un état de possession s'étalant sur plusieurs années. Malheureusement, le diagnostic que la médecine moderne donne est souvent la schizophrénie. Même si la science moderne commence peu à peu à s'ouvrir aux possibilités des phénomènes paranormaux, il reste encore beaucoup de chemin à faire. Dans plusieurs institutions psychiatriques, des patients sont internés sous prétexte de maladie mentale alors qu'il s'agit tout simplement de cas de possession légère ou grave.

Il faut être prudent avant de diagnostiquer un cas de possession car ils sont plutôt rares. Les cas les plus fréquents sont des tentatives de possession ou de cas de « pavo hantise ». Au Québec, une personne sur 25 000 peut être à risque d'avoir déjà vécu des phénomènes de possession. Donc, la plupart du temps, il existe une autre solution et une autre raison à ces tentatives de possession.

Plusieurs personnes me demandent comment faire pour se protéger afin que rien de tel ne se produise dans leur maison ou dans leur famille. Je leur répondrai que généralement, ces manifestations sont aléatoires. Nous ne pouvons pas prévoir si elles se produiront dans votre maison ou parmi les membres de votre famille mais, il y a une chose qui est certaine, c'est que ces entités, lorsqu'elles sont négatives, se nourrissent à même le négatif qu'il peut y avoir autour d'eux. Donc, si votre maison et votre famille sont très négatives, et je ne parle pas ici de quelques incidents isolés mais bien d'un climat négatif constant, vous courrez peut-être plus de risques d'attirer ces âmes négatives. Mon conseil est de provoquer certains événements positifs dans la maison et avec la famille, de fumiger avec de la sauge blanche à quelques reprises durant l'année et de demander protection pour votre famille et votre maison. Ce n'est pas un remède miracle mais il rendra votre maison plus positive.

Manifestations fantomatiques

Plusieurs personnes ont déjà vécu un phénomène de manifestations fantomatiques et croyez-moi, lorsque ça nous arrive, la peur est le premier sentiment ressenti. En premier lieu, il faut se demander ce qu'est un fantôme? Plusieurs diront qu'il s'agit en réalité de la manifestation d'un être qui a choisi l'errance sur terre. D'autres diront que c'est en réalité un moment d'hallucinations de notre cerveau qui serait le résultat d'une grande peine causé par un deuil qui n'est pas terminé. Plusieurs explications peuvent être bonnes mais en réalité, une manifestation fantomatique en est tout simplement une de l'âme d'un défunt qui n'est pas prêt ou qui ne veut pas passer à un autre niveau. Souvent, les manifestations se font lorsque nous les cherchons le moins. En effet, la plupart des manifestations répertoriées ont été prises au beau milieu de la nuit.

Il existe plusieurs types de manifestations que l'on appelle également manifestations ectoplasmique. Elles se manifestent soit par une ombre blanche ou noire, un orbe, une fumée ou carrément les manifestations physiques de la personne. Dans tous les cas, il s'agit de manifestations positives. Il peut même arriver que ce soit nous qui dérangions cette entité soit en prenant des photos ou par le tournage de vidéos. La majeure partie du temps, lorsqu'il y a manifestations, c'est que l'entité a besoin soit de communiquer ou de faire connaître sa présence.

Aujourd'hui, il existe un bon nombre d'équipes de « chasseurs de fantômes » qui recherchent l'existence des fantômes et des esprits en utilisant du matériel sophistiqué tel que : caméra infrarouge, enregistreur numérique, appareils de détection électrostatique (détecteurs EMF). Il n'y a pas de quoi avoir peur car dans la majeure partie des cas, ces entités sont tout ce qu'il y a de plus inoffensives.

Pour moi, la chasse aux fantômes demeure la même chose que la chasse au gibier. Tout est une question de respect.

Plusieurs personnes retournent tous les cimetières possibles à l'envers afin d'obtenir quelques bribes de phénomènes, sans toutefois prendre en considération le respect de ces âmes qui ont vécu, qui ont souffert et qui nous ont quittés.

Voici une expérience que j'ai déjà vécue avec une équipe de soi-disant chasseurs de fantômes dont je tairai le nom par respect pour eux. Une dame avait communiqué avec cette équipe, qui se disait chasseurs de fantômes, en leur expliquant qu'elle vivait des manifestations paranormales chez-elle. L'équipe s'y rendit et après quelques investigations, on lui a dit qu'il n'y avait rien d'anormal. L'équipe était accompagnée d'un soi-disant médium qui a dit à la dame qu'elle souffrait sûrement de schizophrénie ou de maladie mentale.

La dame, un peu gênée de les avoir obligés à se déplacer pour rien, paya les honoraires demandés, qui, soit dit en passant, étaient exorbitants, et s'excusa pour le dérangement. Après quelques semaines, alors que les manifestations devenaient de plus en plus intenses, la dame décida de contacter une personne très connue du milieu qui lui suggéra de communiquer avec moi le plus tôt possible. Ce qu'elle fit aussitôt.

Après avoir parlé au téléphone avec la dame en question, j'ai ressenti son désarroi et j'ai entendu des cognements, comme si quelqu'un frappait avec un marteau sur un mur. J'ai demandé à la dame si elle entreprenait présentement des rénovations et elle m'a répondu que non, qu'elle était seule à la maison et ces bruits étaient constants dès le soir venu. Elle m'expliqua alors son histoire avec l'équipe de chasseurs de fantômes. Je n'en revenais tout simplement pas et j'ai décidé de communiquer avec cette équipe pour connaître leur version des faits. Aussitôt les présentations faites, le responsable de cette équipe se dit très honoré de travailler avec moi et m'affirma qu'il serait prêt à m'accompagner sur les lieux et ce, sans frais supplémentaires pour la dame. J'ai alors fixé un rendez-vous entre les parties afin de voir où en étaient ces manifestations.

À la date fixée de la rencontre, l'équipe de chasseurs de fantômes était déjà arrivée sur les lieux lorsque j'y suis parvenu. Dès la sortie de mon véhicule, on m'a présenté à ce soi-disant médium, qui entre nous ne voyait pas plus loin que le bout de son nez, et au reste de l'équipe. Je savais que je me trouvais en face d'amateurs mais je voulais plus que tout aider cette dame à retrouver la quiétude dans sa maison. On me montra les rapports de la dernière rencontre et des extraits vidéo pris ici et là dans une banque de données. Je leur dis que l'important c'était la dame et non le spectaculaire. Nous sommes entrés dans la maison et j'ai eu le plaisir de rencontrer cette dame.

Aussitôt franchi le seuil de la porte, un des membres de l'équipe a commencé à avoir des nausées et s'est mis à vomir. L'ambiance était très négative et la maison très sombre, malgré les couleurs vives des murs. Nous ressentions une sensation de lourdeur constante sur nos épaules. Le médium m'a dit qu'il ne sentait rien, que la maison était très positive et très protégée par les anges et les défunts de la dame. Phrase facile pour quelqu'un qui ne connaît pas la réalité. J'ai commencé à faire le tour de la maison avec l'équipe qui avait déjà placé, de manière aléatoire, quelques caméras dans la maison. Le médium me suivait au pas, accompagné de la dame.

Lorsque j'ai mis le pied sur la première marche du grand escalier qui menait au deuxième étage, les cognements ont retenti dans toute la maison. L'équipe a commencé à avoir peur mais le responsable de l'équipe s'est entêté à dire qu'il s'agissait du bruit normal de la maison. Je lui ai dit qu'il en était autrement, qu'on dérangeait présentement quelqu'un et que cette personne ne voulait pas que nous soyons là.

Le soi-disant médium continuait à dire que c'était l'œuvre des anges qui nous montraient leur présence pour nous dire qu'ils nous aimaient. J'ai beaucoup de respect pour les gens qui pratiquent ce métier, mais ma tolérance atteignait vraiment ses limites face à cet homme vêtu de blanc qui croyait aller à une grande méditation.

La dame m'expliqua que ces bruits étaient constants et au même moment, un vent glacé a traversé l'escalier et nous a transpercés. J'ai alors regardé le médium en souriant et en lui disant que les anges avaient ouvert l'air conditionné, ce qui a eu pour effet de détendre l'atmosphère mais qui a fait grincer les dents du médium. Nous poursuivions notre ascension lorsque mon appareil de détection d'électrostatique (détecteur EMF) s'est mis à sonner sans arrêt, en même temps que celui de l'équipe. À ce moment-là, les membres l'équipe ne riaient plus et commençaient à croire que nous faisions peut-être face à quelque chose de vrai.

Arrivé au 2e étage, j'ai constaté que la mezzanine, dont le plafond était très haut et qui donnait sur l'entrée de la maison, était assombrie, comme si une ombre constante régnait sur cet endroit. Les membres de l'équipe me dirent qu'ils avaient posé une caméra à cet endroit pour filmer l'entrée mais qu'ils n'avaient obtenu aucun résultat significatif car elle s'arrêtait constamment.

Après avoir fait le tour de la maison et avoir constaté quelques phénomènes, la dame et moi sommes restés seul au salon pendant que l'équipe avait décidé de prendre une pause à l'extérieur. Elle me confia que plus personne ne voulait venir chez-elle car dès qu'ils entraient dans la maison, ils ressentaient un sentiment de malaise et de peur. Elle me confia également que la maison était neuve et que, par conséquent, personne ne pouvait y être décédé. Aussitôt ces mots prononcés, le vase qui se trouvait sur la table à café s'est projeté contre le mur en se fracassant. Prise de panique, la dame est allée alerter aussitôt les membres de l'équipe en leur disant qu'à présent, ils pouvaient bien voir qu'elle n'était pas folle.

L'équipe entra en trombe et se mit à paniquer. Les détecteurs d'électrostatique étaient devenus fous et sonnaient à pleine capacité. L'ambiance de la pièce était devenue très négative, voire glaciale. Même le soi-disant médium avait perdu la parole et se tenait en retrait derrière les autres membres de l'équipe.

Au même moment, l'un des membres dit avoir perçu, à l'aide de la caméra infrarouge, une masse en haut de l'escalier. Personne ne se trouvait au 2e étage puisque nous étions tous au rez-de-chaussée. Je me suis alors dirigé vers l'escalier en regardant vers le haut de la mezzanine assombrie. Un cri puissant retentit dans toute la maison. Un autre membre de l'équipe, qui s'affairait à prendre des empreintes audio, m'a fait signe de prendre les écouteurs. Il était blanc comme du lait. J'ai mis les écouteurs et écouté la bande qu'il avait enregistrée. On entendait clairement une voix qui nous disait de partir d'ici, que nous n'avions rien à y faire. J'ai alors demandé à l'entité de se manifester afin que je puisse communiquer avec elle. Je lui ai assuré que ma mission était positive, que je ne lui voulais aucun mal. C'est alors que j'ai vu l'homme en haut de la mezzanine. Je lui ai demandé pourquoi il était là et il m'a dit que c'était ici qu'il était mort. Je suis alors monté à l'étage et je suis demeuré en retrait pour pouvoir discuter avec lui. J'ai appris que cet homme était un ouvrier qui avait participé à la construction de la maison. Il m'a confié que son patron avait omis de réparer les échafauds et les courroies d'attaches qui empêchaient les chutes. Alors qu'il s'affairait à terminer la construction de la mezzanine, il avait attaché son harnais à la rampe, car l'échafaud n'était pas solide. Par malheur, l'échafaud s'est écroulé et l'ouvrier, qui était seul dans la maison, est mort par strangulation à cause de son harnais.

L'homme était en colère car son patron avait dit à sa femme que c'est en raison de sa propre négligence qu'il était décédé. Tout au long de la communication, l'équipe a enregistré des données vidéo et audio ainsi que des variations de température et d'électrostatique. Pour sa part, le médium, pris par la peur et par le sentiment d'être vaincu, s'était réfugié dans la camionnette de l'équipe. Après avoir communiqué avec l'entité pendant plus d'une heure, j'ai réussi à lui faire comprendre et accepter sa mort et lui ai permis de passer à la lumière grâce à un ange de mort.

Aussitôt que l'âme de cet homme eut quitté la maison, l'énergie et l'ambiance sont aussitôt redevenues très légères et lumineuses.

Après une pause de quelques minutes, j'ai convoqué l'équipe à me rejoindre dans la salle à manger. Nous avons discuté de l'expérience qui venait de se produire et je leur ai tout simplement dit qu'il valait mieux être honnêtes et approfondir une enquête que de demander des sommes astronomiques en échange de faux diagnostics. Les membres l'équipe étaient encore sous le choc et ils ont offert leurs excuses à la dame en lui proposant de lui rembourser les honoraires.

Quant au médium, il n'a pas voulu m'adresser la parole. Je lui ai tout simplement dit que sa conscience devait être lourde mais qu'il devait se pardonner et au moins s'excuser face à la dame. Il n'a jamais voulu sortir de la camionnette et il n'a plus jamais travaillé avec cette équipe non plus. C'est la preuve que lorsque travaillons avec des gens qui ne s'y connaissent pas, nous risquons d'aggraver les choses et ce qui en résultera sera encore plus difficile pour la personne qui tentera de régler le problème.

Quelques jours plus tard, j'ai communiqué avec l'entrepreneur responsable de la construction de la maison et je lui ai demandé s'il se souvenait d'un incident particulier lors de la construction de cette maison. Il m'a répondu qu'il avait beaucoup de clients et qu'il ne pouvait pas se souvenir de toutes les maisons construites et de tous les ouvriers qui travaillaient pour lui. Je lui ai répondu qu'un ouvrier qui mourait par strangulation à cause de son harnais n'était peut-être pas quelque chose que l'on rencontre tous les jours et qu'il pouvait peut-être s'en souvenir plus facilement. Il m'a répondu qu'effectivement, il y avait eu un accident mais que tout ceci était derrière lui et qu'il ne voulait plus en parler et que si j'avais d'autres questions je pouvais communiquer avec son avocat. J'ai alors très bien compris que, ce que l'âme de l'homme que nous avions rencontré dans cette maison avait dit, était bel et bien vrai.

Il est peut-être facile pour des soi-disant équipes et des soi-disant médiums de faire de l'argent en s'improvisant spécialistes mais lorsque nous sommes confrontés à une réalité, le fait de faire l'autruche n'est pas une solution. La chasse aux fantômes peut être quelque chose d'excitant mais lorsque nous devrons nous y confronter, nous devrons bien y être préparés et se rappeler qu'il n'y a qu'un seul mot à retenir : le respect.

Cette histoire m'en a également rappelé une autre que j'aimerais partager avec vous. Un homme et sa femme étaient aux prises avec certains problèmes parce que la mère de cet homme, qui vivait seule dans la maison familiale, était aux prises avec des phénomènes de présences constantes dans la maison. La mère disait à son fils qu'elle entendait toujours des voix lui parler, qu'elle entendait toujours des gens monter et descendre les escaliers et que lorsqu'elle regardait le téléviseur, il changeait de poste sans que personne ne touche à la télécommande. Elle avait appris à vivre avec ces entités mais tout ça commençait à lui peser car ses enfants croyaient qu'elle commençait à perdre la tête.

La femme de cet homme a communiqué avec plusieurs médiums afin de faire nettoyer la maison. Elle a payé des factures allant même jusqu'à 4000$ pour un nettoyage à distance qui s'avéra être totalement inefficace. Un jour, alors que l'homme était chez sa mère, il a clairement entendu quelqu'un monter les marches de l'escalier en courant. Pris de panique, cet homme a alors décidé de communiquer personnellement avec moi. Comme il ne se trouvait pas près de chez-moi, je lui ai dit que je passerais dans quelques semaines pour évaluer la question. Pendant ce temps, sa femme a continué à communiquer avec des soi-disant professionnels qui débarrassaient les maisons des entités qui y régnaient sans jamais y mettre les pieds. Par un beau soir de septembre, après plusieurs heures de route, je suis arrivé devant cette maison et dès que ma voiture a été stationnée, je me suis aperçu que je pouvais voir les courants énergétiques entrer et sortir de la maison.

Après m'être entretenu avec l'homme et sa femme, j'ai discuté avec la mère qui m'a raconté tout ce que son fils m'avait dit. Elle ne sentait pas que ces âmes étaient négatives car elles disaient toujours qu'elles étaient là pour veiller sur elle, tel que promis.

Après quelques heures de travail, j'ai réussi à traverser ces âmes, qui étaient des proches de la mère et de la famille, et j'ai nettoyé la maison afin qu'aucun autre résidu négatif n'y demeure. Le calme fixe était revenu et la mère et le fils étaient très contents.

Quelques semaines plus tard, j'ai reçu un appel de cet homme qui me disait que sa mère continuait de croire qu'il y avait des entités dans la maison. Au départ, j'ai douté de ce que l'homme disait car je n'ai jamais eu à reprendre un travail que j'avais fait mais je lui ai répondu que puisque je devais me rendre dans sa région la semaine suivante, j'arrêterais observer ce qui se passait.

Une fois rendu sur place, j'ai encore senti une certaine crainte de la part de la mère qui avait de la difficulté à s'ouvrir à moi. J'ai commencé à discuter de tout et de rien avec la dame en question. Nous avons parlé de la météo, de l'hiver qui approchait. Une petite conversation tout à fait normale entre deux personnes. À un moment donné, la dame m'a confié que d'autres personnes étaient venues visiter la maison après mon départ. Je lui ai demandé de qui il s'agissait et elle m'a répondu que c'était des gens que sa bru avait engagés pour venir nettoyer la maison et qu'ils avaient dit qu'il y avait encore beaucoup d'énergies négatives et d'entités malveillantes chez-elle. J'ai demandé à la dame si elle avait ressenti ces énergies ou si elle avait à nouveau entendu des bruits dans l'escalier ou si la télévision avait encore fait des siennes et elle m'a répondu que non. Par contre, sa bru disait que tout n'était pas fini et qu'il fallait continuer de nettoyer la maison.

L'homme était sidéré. Sa femme continuait de faire venir à la maison de sa mère des soi-disant spécialistes en énergie afin de nettoyer la maison. J'ai proposé à cet homme de demander à sa femme de venir le rejoindre à la maison car je croyais que nous étions mûrs pour une bonne conversation.

Lorsqu'elle est arrivée, elle était très froide et lorsque nous l'avons confrontée à la vérité, elle nous a simplement dit que, dans ses cours d'énergie, le professeur avait dit que la maison de sa belle-mère était habitée par des entités malveillantes. C'est pourquoi elle continuait de demander à ces soi-disant spécialistes de nettoyer la maison et de la purifier. Elle utilisait les services de n'importe qui, sans avoir fait de recherche auparavant et elle se fiait entièrement à ses impressions suite au contact téléphonique qu'elle avait eu avec cette personne.

Lorsque je lui ai demandé si ces personnes étaient déjà venues dans la maison avant de rendre un diagnostic, elle m'a répondu qu'ils y étaient venus par la pensée ce qui leur a permis de faire un diagnostic. En réalité, tout ce que cette femme a réussi à faire c'est de nourrir la peur de sa belle-mère et de lui transmettre ses propres craintes.

L'homme était hors de lui. Non seulement sa femme avait payé tout près de 10 000 $ en frais à un peu n'importe qui pour nettoyer la maison de sa mère, mais surtout, elle avait énervé cette pauvre femme qui croyait tout ce que sa bru lui disait.

Je l'ai dit auparavant et je le répète : dans des cas de pavo hantise, aucune personne ne peut régler le problème si elle n'a pas mis les pieds dans la maison et qu'elle ne connaît pas les rudiments de la dépossession. Trop de gens se sont fait berner par des gens qui affirmaient pouvoir nettoyer des maisons à distance. Pour nettoyer des énergies négatives, et non des entités négatives, il est possible que des gens se spécialisent dans ces nettoyages à distance. Mais lorsqu'il s'agit d'entités prises dans la maison, ou même des phénomènes de hantise, aucune personne ne peut procéder à l'expulsion complète de ces âmes sans les avoir confrontées de vive voix.

Chapitre 10

Chapitre de l'ange Damabiah

« L'ange est le musicien du silence de Dieu. »

Dominique Ponnau

Le chapitre qui suit appartient à l'ange Damabiah, ma partenaire de vie, l'ange gardien qui guide ma mission. Pour ceux et celles qui me connaissent, vous savez qu'elle représente une grande partie de ma vie et de mon travail. Lorsque je préparais l'écriture de ce livre, elle m'a dit qu'elle me ferait un beau cadeau si je persistais dans cette direction. Promesse faite, promesse tenue. Tout au long de ce chapitre, Damabiah nous fait un très beau cadeau en nous offrant ses paroles et le point de vue de l'univers face à tout ceci. C'est pour vous et moi un très beau cadeau et j'en remercie la principale intéressée ainsi que tous ceux et celles qui sont derrière elle pour nous aider. Voici ce message :

Mes chers amis (es), il me fait plaisir aujourd'hui de communiquer avec vous via la canalisation de Christian afin que de vous apporter les paroles de lumière et d'amour. Il était de mon devoir de vous apporter la parole de vérité.

La curiosité de l'humain a toujours été une source d'investigation et d'apprentissage mais effectue avant tout des recherches pour avancer et comprendre. Il cherche également pour vaincre ses peurs et se persuader qu'il a constamment raison. Malheureusement, beaucoup d'humains ont un esprit très étroit, probablement à cause de problèmes survenus lors de leur enfance, de leur éducation ou de défis qu'ils se sont imposés lors de cette incarnation. Toutefois, soyez assurés que nous ne jugeons aucun être sur cette terre. Nous, les anges, ne connaissons pas le jugement mais seulement l'amour.

La foi est ce qu'il y a de plus grand au monde. Chacun la reçoit et est libre de l'utiliser selon son bon vouloir.

Il est certain que l'homme a toujours eu en lui cette curiosité face à la mort car pour lui, elle est associée à un rite négatif, à une perte incommensurable et à une tristesse profonde qui va souvent jusqu'à la perte de soi-même. Pourtant, la mort est tout simplement un passage, difficile certes, mais un passage vers l'ascension de votre âme. Lorsque Dieu l'a créée, elle était parfaite et à aucun moment cette âme ne peut devenir négative au point que nous voulions l'abandonner. Nous sommes et serons toujours présents à vos côtés, quoiqu'il advienne. Il existe cependant certains points dont j'aimerais vous entretenir afin de vous transmettre l'ultime vérité. Je ne suis pas là pour sévir ou pour juger, vous seuls pouvez le faire. Malgré les embûches, les malheurs et les problèmes qui peuvent survenir, nous serons toujours amour pour vous. La compréhension et l'intelligence de l'homme sont deux choses totalement différentes et ne peuvent être quantifiées. L'homme qui comprend, absorbe l'information; l'homme qui est intelligent cherche à évoluer par la connaissance de ces informations.

Dans ce livre, Christian nous transmet ses connaissances face à la vie après la mort. Pour nous, cette vie après la mort comme vous dites, n'a pas lieu car pour nous, la mort n'existe pas. Certes, votre corps physique du moment ainsi que votre cerveau s'arrêteront mais votre âme, celle qui a évolué grâce à vos actions et vos gestes, continuera son chemin et évoluera selon ce qu'elle se permet. Nous endossons complètement les écrits que vous avez lus avant la publication de ce livre et j'ajouterai également que tout homme cherchant à faire de son mieux pour évoluer dans la vie ou dans une situation donnée mérite la lumière et l'amour divin. Beaucoup d'hommes ont faussé les paroles de l'univers, certains pour s'approprier des richesses ou du pouvoir, d'autres pour acquérir la célébrité.

Ce qu'il est important de comprendre dans le fait que l'homme détruit l'homme de jour en jour c'est qu'en aucun cas, Dieu n'est derrière tout cela. Les hommes s'entretuent au nom du divin, s'approprient les richesses et les territoires des autres au nom du divin, détruisent et blessent au nom du divin et Dieu les regarde tristement et ne comprend pas pourquoi ils se blessent autant en son nom. En aucun cas, Dieu ne nous a demandé de nous exterminer, d'être injustes les uns envers les autres, de donner plus à l'un qu'à l'autre. Au contraire, il nous a demandé de veiller sur vous quoi qu'il advienne et que vous l'aimiez comme lui vous aime.

Plusieurs d'entre vous ne croient pas en Dieu et nous ne vous jugeons pas pour cela car plusieurs hommes se sont approprié les paroles de Dieu qu'il a transmises par des messagers, des âmes spéciales qu'il a conçues pour vous aider et vous aimer. En retour, certains ont décidé de mettre ces messagers à mort ou encore aujourd'hui, de les isoler dans des maisons où ils sont traités pour des problèmes de santé mentale, ce que vous appelez en fait des asiles psychiatriques. Nous ne généralisons pas et comprenons qu'avec toutes ces bévues et ces erreurs commises dans la compréhension de l'amour du divin et dans l'interprétation de ses paroles, plusieurs d'entre vous doutent de son existence. Mais rassurez-vous, le créateur vous aime et comprend ces interrogations qui vous habitent. Lors de la création, il nous a demandé, à nous les anges, d'être toujours près de vous, que vous croyiez ou non en nous.

Plusieurs hommes ont adapté les paroles de ces messagers que Dieu leur avait envoyés. Dieu est le père de toutes les âmes qui vivent dans l'Univers. Tel un père, il souhaite que ses enfants s'aiment et se respectent. Nous, les anges, nous sommes là pour vous aider à comprendre cet amour et ce respect. Pendant que certains d'entre vous ne croient pas en nous, d'autres prophétisent certains facteurs et certaines valeurs que nous n'avons pas. Quelques-uns vont jusqu'à nous donner des responsabilités et des missions qui ne sont pas les nôtres.

Certes, notre désir est de pouvoir vous aider du mieux que nous le pouvons, le tout dans l'amour et la compréhension mais beaucoup trop de gens déforment la réalité de ce que nous sommes et des raisons qui justifient notre présence.

Pour ma part, plusieurs m'ont attribué des missions que Dieu lui-même ne m'a pas données. Je suis toujours disponible mais je ne peux pas accepter des tâches ou des missions pour lesquelles je ne suis pas invoqué. Je vous donne l'exemple d'un pâtissier à qui vous demandez de construire votre maison. Il pourra sans doute vous aider ou vous donner un coup de main mais il ne pourra sûrement pas construire cette maison tout seul. L'homme nous attribue quelquefois certaines fonctions ou certaines missions que Dieu lui-même ne nous a pas attribuées. Nous pouvons vous aider dans vos missions mais nous ne pourrons pas tout faire.

Ces gens, qui croient parler au nom de l'amour divin en prenant le rôle de Dieu entre leurs mains, ont un grand besoin d'amour. L'homme a détrôné Dieu. Dans certains cas, l'homme joue à Dieu afin de pouvoir sauver des gens. Dans ces moments-là, Dieu sourit. Mais lorsque cet homme joue à Dieu dans le but de s'approprier les pouvoirs du monde et d'écraser la plus belle créature que Dieu a pu créer, c'est-à-dire l'homme, alors là, Dieu pleure. Il n'est pas en colère contre vous alors cessez de croire qu'il s'acharne sur vous en vous envoyant des catastrophes, qu'elles soient naturelles ou humaines (famines, guerres ou maladies incurables). C'est l'homme qui crée ses propres malheurs et personne d'autre. De quel droit pouvez vous décider de ce que Dieu veut ou non? De quel droit décidez-vous de ce qui est bien ou mal aux yeux de Dieu? Ce discours a peut-être les apparences d'un discours moralisateur mais il n'en est rien. C'est avec amour que je vous transmets ces paroles de vérité et de réalité.

Dieu n'a pas seulement construit la terre et l'homme tels que nous les connaissons mais il est également le créateur de toutes les formes de vie que nous retrouvons dans l'univers.

Dieu lui-même m'a crée et je l'en remercie du plus profond de mon être car existe-t-il plus beau cadeau et plus belle mission que de veiller sur son plus beau trésor. Je n'ai jamais perdu espoir devant l'homme car il m'a tant appris. Il est cependant vrai que parfois, j'ai ressenti de la tristesse et de la compassion pour l'homme. Peu de gens demeurent insensibles face aux horreurs qui se produisent parfois dans votre monde. Même Dieu a pleuré.

Lorsque vous parlez de la vie après la mort, plusieurs trouvent, en cette réalisation de fin de vie, un réconfort et un soulagement de savoir qu'il existe quelque chose après la mort. Croyez-vous que Dieu aurait donné vie à une si belle création pour la laisser mourir comme ça, chaque jour, sans qu'il y n'ait aucune suite à ce difficile parcours ? Dieu a créé l'homme afin qu'il évolue, qu'il apprenne, qu'il aime et partage cet amour. Aucun grand maître ne laisserait sa création mourir sans lui porter secours. Vous-même, lorsqu'un de vos enfants ou quelqu'un que vous aimez est en difficulté, vous faites tout pour lui venir en aide et le protéger. Alors, imaginez comment Dieu se sent maintenant. Hélas, vous croyez encore que Dieu est responsable des grands malheurs de votre vie, qu'il a créé la maladie, la guerre, la souffrance. Il n'en est rien! Dieu vous a créés et c'est vous qui avez fait que toutes ces horreurs soient apparues. Vous êtes les seuls responsables du chaos que vous vivez.

Lorsque votre dernier souffle permettra à votre âme de s'extirper complètement de l'enveloppe physique qu'est votre corps, nous serons là pour vous accueillir et vous partirez alors vers ce magnifique endroit que Dieu a créé pour vous : la lumière. N'ayez pas peur, la souffrance de vie n'est que momentanée lorsque vous résidez dans cette lumière. Elle fera place à cette grande paix intérieure et après un moment, vous continuerez cet apprentissage de la vie et préparerez votre retour afin de poursuivre cet apprentissage qu'est la vie. Vous aurez également la possibilité de rencontrer les âmes de ceux que vous avez aimés et qui ont partagé votre vie.

C'est Dieu qui a créé pour vous cet état de paix et de réconfort qui survient après cette étape qu'est la vie. Toute personne désirant aller à la lumière peut le faire. Nous ne jugerons aucune personne puisque vous le ferez vous-même. Dieu a tout prévu, il ne manque rien.

Vous devez être conscients qu'à ce moment-là, personne ne juge qui que ce soit ou quoi que ce soit car Dieu a laissé le libre arbitre aux hommes. Même celui qui a fait du mal aux autres pourra accéder à la lumière. Une fois que vous y serez, les grands tourments de votre vie passée feront place à cette paix tant espérée. Vous serez libres d'aller où bon vous semble, de voir qui vous voulez tout en respectant l'amour divin. Nous savons qu'il peut parfois être difficile de laisser derrière vous des gens que vous aimez, vos familles, vos amis, vos enfants. Mais je suis en mesure de vous affirmer que les anges, accompagnés des guides et des maîtres, feront tout en leur pouvoir pour vous aider à parvenir à cette liberté et à cette paix.

Plusieurs d'entre vous disent que la vie n'est pas facile. Il est vrai qu'à certains moments, la vie balance son lot de problèmes, d'événements négatifs et de malheurs. Vous devez vous rappeler que vous avez toujours le choix d'accepter de vivre ces événements et d'en grandir ou de vous apitoyer sur un sort qui n'est souvent pas le vôtre. L'homme est fréquemment victime du chemin de vie des autres où il s'en approprie une certaine partie, ce qui a pour résultat de lui faire vivre certains malheurs ou problèmes avec lesquels, à première vue, il n'a pas de lien. N'oubliez pas que lorsque vous vous appropriez le sort des autres, vous devrez également subir ce qui en découle. Vous comprendrez maintenant que le créateur n'a jamais dit que la vie serait facile mais il met à votre disposition tous les outils dont vous aurez besoin pour vous faciliter la tâche. L'homme a tendance à oublier qu'il est la plus belle création de Dieu. Si vous êtes capable de vous aimer, vous pourrez alors aimer les autres et laisser cet amour entrer dans votre vie.

Nous comprenons cependant que vous ne pouvez pas vivre le parfait bonheur tous les jours en raison des énergies négatives environnantes que vous subissez souvent. Qu'il s'agisse de vos proches, de vos collègues de travail ou même de votre propre famille, les gens négatifs transposent leur énergie chez ceux qui les captent le plus. C'est pour cette raison que Dieu vous a donné la faculté de l'intelligence.

J'entends souvent des gens dire que les anges devraient s'occuper des grands malheurs du monde ou tenter d'enrayer tous les problèmes de la planète. Lorsque j'entends ces mots, même s'il s'agit parfois d'un cri d'alarme du cœur, je ne peux m'empêcher de me dire que vous avez probablement raison. Par contre, Dieu m'a créé, ainsi que mes semblables, pour vous aider et veiller sur vous et non pour prendre la responsabilité de vos actes. Lorsque nous entendons des gens se demander pourquoi Dieu a provoqué ce tremblement de terre et pourquoi les anges n'étaient pas là pour empêcher toutes ces morts, j'ai envie de leur répondre, avec tout mon amour, que nous étions présents, pas pour empêcher ces gens de mourir mais pour tenter de faire qu'on les retrouve avant qu'ils ne meurent, pour leur donner la force et le courage de sortir des décombres et pour leur fournir l'énergie nécessaire pour supporter ce drame. Croyez-vous vraiment que Dieu est responsable de ce tremblement de terre? Pourquoi Dieu déciderait-il tout bonnement de tuer des centaines de personnes en faisant vibrer la terre. Cela n'a pas de sens! Dieu est amour il ne poserait jamais un tel geste.

Par contre, l'homme abuse constamment de la terre, que ce soit à des fins personnelles ou commerciales. L'homme s'est approprié tous les petits coins de terre possibles et en a fait sa propriété. Il a foré des puits de pétrole afin de s'enrichir. Il a troué la terre pour dissimuler ses actes de surconsommation. Il a pollué la terre en se disant, pour se donner bonne conscience, que d'autres l'avaient fait avant lui. Je crois que les humains ont pris pour acquis cette terre sur laquelle ils vivent et qu'ils en ont abusé. Il est normal qu'elle réplique par des chocs et des vibrations car elle perd son énergie.

Heureusement, suite à tous ces abus, certaines personnes ont décidé d'apporter plus de soin à cette terre qui vous a été prêtée. Bon nombre d'espèces animales sont disparues à cause de tous ces abus et bon nombre de mutations de l'être humain, qu'elles soient bonnes ou mauvaises, sont survenues toujours à cause de ces abus. Je me demande quand comprendrez-vous que lorsqu'on abuse d'une énergie, elle disparaît peu à peu. Il est de votre devoir de prendre soin de ce qui vous est prêté. Nous ne vous jugeons pas mais nous sommes conscients de ces événements qui mettent en jeu la survie de l'homme. Plusieurs d'entre nous avons été attitrés à certaines missions afin de pouvoir vous aider à évoluer, guérir, apprendre et même vous aider, tout au long de votre vie, à mettre en place les mécanismes dont vous aurez besoin pour vous atteindre votre but.

Je ne pourrais passer sous le silence les nombreuses euphories et paranoïas que l'homme a créées en annonçant que la fin du monde arriverait. Comme je vous l'ai dit plus tôt et malgré ce que certaines personnes pourraient croire, l'intention de Dieu n'est pas d'exterminer la race humaine mais bien de l'aider à avancer et à évoluer. En aucun cas, la fin du monde ne figure à l'agenda de Dieu mais si l'homme continue de semer la peur avec cette supposée fin du monde, il en découlera pour les humains une panique et une peur planétaires qui auront pour effet d'engendrer encore plus de malheurs et de tristesse. La fin du monde ne surviendra pas en 2012. Il s'agit plutôt de la fin d'un monde. Une nouvelle ère se prépare et elle apportera beaucoup d'énergie positive à ceux et celles qui la voudront. Les vibrations des hautes sphères de l'univers, les maîtres ascensionnés, les guides et les anges se préparent à aider un plus grand nombre d'hommes. Mais, comme mon discours le dit si bien, nous ne pourrons rien faire si vous n'avez pas foi en nous et que vous ne nous demandez pas notre aide. Il est inutile de paniquer et d'avoir peur; nous sommes en contrôle de ces énergies et nous verrons à ce que tout se passe normalement.

Si j'ai décidé aujourd'hui d'utiliser le canal de Christian pour vous transmettre mes messages, c'est également pour vous dire à quel point nous vous aimons. Plusieurs d'entre vous se croient seuls au monde, sans famille ou sans amis. Il est possible que face à certaines situations, vous ressentiez de l'isolement, du rejet ou même une grande solitude mais ne vous inquiétez pas, nous sommes toujours là pour vous. Même la plus seule des personnes a toujours quelqu'un qui l'aime près d'elle. Notre mission est d'être près de vous et de vous aider à réussir les missions que vous vous êtes fixées.

La plupart des humains qui s'interrogent sur la mort ont oublié un fait important : plusieurs d'entre vous sont déjà morts et revivent à nouveau. Le train de vie que vous maintenez va à une vitesse incroyable et parfois, vous ne réussissez pas à suivre la cadence. Vous vous êtes oubliés au nom de la richesse et du pouvoir. Bon nombre de vous êtes esclaves de votre propre vie. Il est certain que dans ce monde d'aujourd'hui où la technologie a pris la place du rêve, où l'homme est de moins en moins près de lui-même, où vos cyberespaces ont pris la place de la communication réelle, il reste très peu de place pour l'homme lui-même et pour l'amour.

L'homme aujourd'hui surconsomme au niveau de toutes les sphères possibles. Il doit posséder la dernière technologie à portée de la main, les plus beaux habits, la plus belle maison et le comble de l'ironie, c'est qu'il n'a plus de temps pour apprécier tout ce qu'il possède. Un grand maître a déjà dit : « si Dieu vous donnait les plus belles richesses, les plus belles maisons, les plus belles voitures, les plus beaux amants ou maîtresses et comblait tous vos désirs en vous demandant une seule chose en retour, la capacité d'aimer, que choisiriez-vous? » Avec cette opulence, l'homme a oublié d'aimer. Il se crée lui-même ce besoin de technologie. Il est certain que votre science avance rapidement mais lorsqu'on devient dépendant de cette technologie et que l'humain tombe au deuxième plan, c'est là que l'homme se perd.

Je ne dis pas ici que l'argent ou les biens matériels n'ont pas leur place. Je dis tout simplement qu'il est important d'être reconnaissants pour ce que nous avons et de rendre grâce pour cette abondance que nous recevons. L'homme est maître de sa propre destinée. Ce qu'il vit, il l'a lui-même choisi en grande partie. À quand remonte la dernière fois où vous avez communiqué avec un de vos proches afin de prendre de ses nouvelles ? À quand remonte la dernière fois où vous avez dit « je t'aime » à quelqu'un d'autre que votre conjoint ou conjointe ou à vos enfants ? Quelle est la dernière occasion où vous avez salué et souri à un inconnu dans la rue? Ce ne sont là que quelques exemples qui démontrent que l'homme devient de plus en plus distant envers les autres. Même au niveau de l'amour du couple, la superficialité a remplacé l'amour lui-même. Il n'est plus question de sentiment mais bien d'apparence, tant physique que sociale. Christian a dit un jour une phrase qui me fait sourire. Il a dit : « aujourd'hui, les gens ne voient plus l'amour comme il se doit et ne prennent plus le temps de vibrer de cet amour. On commande celui ou celle qu'on veut aimer comme s'il s'agissait d'une commande dans un catalogue ». Cette phrase prend tout son sens lorsqu'on regarde les gens qui posent des critères de sélection pour pouvoir rencontrer l'amour. Lorsqu'on demande à quelqu'un ce qu'il recherche chez une autre personne, le premier critère est la beauté. Mais il ne faut pas oublier que la beauté se trouve toujours dans l'œil de celui qui la regarde, ce qui fait qu'elle est différente d'une personne à l'autre.

Certains oublient la vraie valeur de l'amour. Ils oublient également que l'amour peut parfois faire mal mais que c'est dans cette souffrance que nous apprenons le plus. Je ne dis pas ici que vous êtes tous individuellement responsables mais lorsqu'on regarde les critères que votre société vous impose (beauté, prospérité, etc.), je comprends que plusieurs d'entre vous se perdent.

Pour que l'homme d'aujourd'hui ait du succès, il doit être beau, riche, prospère et continuellement performer sans s'arrêter.

Ce qu'il faut comprendre ici c'est que même si l'homme performe sans cesse, la vie continue de lui passer sous les yeux sans qu'il ne voit rien. Vous me direz certainement que vous n'avez aucun pouvoir sur la société et je vous répondrai que vous avez tort car la société, c'est vous. L'homme a un pouvoir de communication extraordinaire mais trop peu savent s'en servir correctement. À vous de faire une différence.

Voilà, chers amis (es), c'est ainsi que je termine ce chapitre et je remercie Christian de m'avoir permis de vous livrer mes messages. Ceux-ci ne sont pas moralisateurs mais ils sont plutôt remplis d'amour et d'espoir. L'humain est l'une des plus belles créations de Dieu et nous nous en émerveillons chaque jour. Je vous souhaite la paix, l'amour et la lumière. Continuez d'œuvrer dans cette voie, transformez ce dont vous êtes capables et ne jugez pas les autres car dites-vous qu'un jour, ce sera peut-être vous qui serez jugés.

Avec tout mon amour,

Damabiah

Chapitre 11

Questions & Réponses

« Celui qui pose une question risque d'avoir l'air bête pendant cinq minutes. Celui qui ne pose pas de question restera bête toute sa vie. »

Proverbe chinois

Il arrive souvent que plusieurs personnes me posent certaines questions qui n'ont pas de lien direct avec le sujet de la vie après la mort mais qui sont tout aussi importantes les unes que les autres. Après bientôt 20 ans de pratique, je constate qu'il y a des questions qui reviennent constamment. J'ai donc décidé de rédiger ce chapitre afin de pouvoir répondre à ces questions ce qui, je l'espère, pourra vous éclairer un peu plus.

« Qu'arrive-t-il avec les animaux lorsqu'ils sont morts? Nos animaux de compagnie ont-ils leur propre paradis? »

Il y a plusieurs écoles de pensée à ce sujet. Certaines croient qu'il existe une forme de paradis pour les animaux mais la réalité est tout autre. Je sais que certains d'entre vous seront peut-être déçus de la réponse que je vous donnerai à ce sujet mais c'est la vérité toute simple : la réincarnation n'existe pas chez les animaux, pas plus que la lumière n'est là pour eux. Laissez-moi vous expliquer. Tous les animaux ont une âme et lorsqu'elle se libère du corps physique de l'animal, elle erre près des lieux où elle a vécu. Voici un exemple :

La famille Gaudet possède un chien depuis que les enfants sont tout petits. Tornade, le chien, est maintenant âgé de 13 ans et certains problèmes de santé commencent à faire surface.

Il a toujours fait partie de la famille et a suivi les enfants partout où ils allaient. C'est un bon chien de famille, très obéissant et qui leur a donné des heures de bonheur. Malheureusement, son état de santé se détériore gravement. Il fait face à des problèmes au foie et aux reins et ses pattes arrière sont pleines d'arthrite.

La famille n'a pas d'autre choix que de le faire euthanasier car ses souffrances deviennent intolérables. Ils ont donc décidé de l'accompagner dans la mort et même de lui organiser de jolies funérailles simples et remplies d'émotions.

Quelques semaines plus tard au moment de se mettre au lit, Andréanne, la cadette de la famille, a tenté de tirer sur son édredon. Elle a alors ressenti une sorte de pesanteur, comme si quelqu'un était assis sur son lit. Elle a fait un nouvel essai et a réussi à se coucher. Un peu plus tard, elle a senti que quelque chose ou quelqu'un était monté sur son lit et avançait vers elle. Prise de panique, elle est sortie du lit et est allée rejoindre ses parents qui ne dormaient pas encore et qui étaient au salon. Elle leur a raconté son histoire mais son père est demeuré très sceptique. Par contre, sa mère lui a confié que depuis quelque temps, elle ressentait elle aussi cette présence dans la maison. Sans en faire un drame, le père a dit en blaguant qu'il s'agissait probablement de Tornade qui revenait pour avoir un biscuit. Tous ont ri de la blague du père et sont retournés se coucher.

Durant la nuit, le père s'est levé pour aller à la salle de bain et lorsqu'il est passé devant la cuisine, il a eu l'impression de voir son chien. Il a d'abord cru qu'il était toujours endormi mais après avoir regardé de nouveau, il a bel et bien vu une ombre qui ressemblait à s'y méprendre à celle de Tornade. Au fil des mois, la famille a de nouveau vécu plusieurs expériences de ce genre, qui étaient à la fois réconfortantes et émouvantes. L'année suivante, ils n'ont plus rien senti, comme si l'âme de Tornade les avait quittés pour toujours.

Comme nous pouvons le voir dans l'exemple donné, l'âme du chien a continué d'errer autour de sa famille, pour enfin se dissiper et retourner à la terre. Les Amérindiens avaient bel et bien compris cette réalité. Les animaux issus de la terre étaient retournés à la terre. C'est ce que nous appelons le cercle de la vie. Imaginez un endroit où toutes les âmes animales règneraient dans l'éternité :bœufs, poulets, poissons ou tout autre animal que nous consommons, incluant les insectes, les mollusques, etc. Nous nous retrouverions devant une surpopulation d'âmes. Les âmes des animaux retournent tout simplement à la terre.

Plusieurs personnes disent avoir perçu un phénomène fantomatique animal. Il est fort probable que, sur une période se situant entre quelques jours et approximativement 2 ans, ces personnes aient bel et bien vu le spectre de cet animal. Par ailleurs, certains diront même avoir vu un parent défunt qui était accompagné d'un animal. Lorsque j'explique ce phénomène, je prends toujours pour exemple le cas de mon grand-père Fernand.

Mon grand-père possédait un petit chien Yorkshire nommé Bébé. Cet homme de 6 pieds et de plus de 260 livres traînait ce petit chien partout avec lui. Lorsqu'il est décédé, il m'apparaissait souvent avec Bébé dans les bras. Cependant, le chien n'étant pas décédé, j'ai alors compris que Fernand utilisait cette image pour que je comprenne qu'il s'agissait bien de lui. Imaginez cette pièce d'homme avec ce minuscule petit chien dans les bras. C'était quand même drôle à voir mais, pour mon grand-père, il s'agissait d'un membre très important de sa famille. Comme on peut le voir, certaines entités utilisent l'image animale pour nous faire comprendre qu'il s'agit bel et bien d'eux. Malheureusement, notre cœur espère qu'il existe un paradis pour ces animaux parce que nous les avons aimés, qu'ils ont partagé une partie de notre vie et que nous leur souhaitons tout ce qu'il y a de mieux dans la mort. Rassurez-vous, vos animaux de compagnie demeurent encore un moment près de vous, même après leur mort.

« Ma mère a été incinérée. Si je divise ses cendres, est-ce que son âme sera divisée également ? »

Comme je le disais dans un chapitre précédent, rien n'empêche de diviser les cendres d'un défunt car ils ne sont pas rattachés à cette enveloppe physique qu'est leur corps. L'important dans cette décision c'est le respect que vous accordez au défunt. Le fait de diviser les cendres et de les répartir dans plusieurs petites urnes séparées ne cause pas de problème. J'ai même vu, dans certains salons funéraires, des colliers où l'on peut déposer une petite pincée des cendres de l'être cher disparu.

Il en est de même pour ceux et celles qui veulent disposer des cendres dans la mer, dans la forêt ou à tout autre endroit de leur choix. Cependant, vous devez tenir compte de certaines lois qui interdisent de disposer de ces cendres comme bon vous semble. Si vous décidez de contrevenir à ces lois, les policiers pourraient vous remettre une amende assez salée. Lors de ce processus, il est impératif de vous montrer discret et respectueux. Vous ne rencontrerez pas de problème de retour de la part du défunt. Il arrive même que ce soit le défunt lui-même qui demande à ce que ces cendres soient répandues à tel ou tel endroit. Si c'est le cas, il est important de respecter cette volonté tout en étant conscient des risques reliés à cette demande.

Au Québec, il n'existe pas encore de loi qui interdise de disposer des cendres dans un endroit public. Cependant, plusieurs groupes de pression, généralement composés de porte-parole d'entrepreneurs de pompes funèbres, tentent de faire changer cette loi afin qu'il soit interdit de disposer des cendres comme bon nous semble. À ce jour, rien n'a encore été fait mais pour répondre à la question, l'âme de la personne défunte ne sera en aucun cas divisée lorsque vous diviserez ses cendres.

« Lorsqu'une personne en phase terminale est admise en soins palliatifs, est-ce qu'elle comprend tout ce que nous lui disons et est-ce que son âme est toujours présente, même si elle est dans le coma? »

Lorsqu'une personne arrive en fin de vie, qu'elle soit en phase terminale ou en soins palliatifs, elle comprend tout ce que vous lui dites. Ce n'est pas parce que la vie s'achève que cette personne devient nécessairement sourde. Souvent, ce sont les médicaments qui ralentissent son processus de compréhension. Même une personne en phase terminale à cause de la maladie d'Alzheimer comprend très bien tout ce que vous lui dites.

Lorsque nous parlons avec des mots, vous pouvez remarquer qu'ils se transposent dans le regard que nous lançons à notre interlocuteur. Si une personne vit de la tristesse, ses yeux seront probablement humides ou pleins de larmes. Si cette même personne cherche à faire des blagues, la personne qui reçoit le message verra bien qu'il y a un problème. Le langage corporel parle beaucoup plus que les mots. Les personnes qui sont en fin de vie comprennent également notre langage des gestes. Avez-vous remarqué que lorsque nous parlons à quelqu'un qui se trouve dans un lit d'hôpital ou alité à la maison, nous ressentons le besoin de la toucher. Elle comprend alors que vous avez besoin de vous rapprocher d'elle. Généralement, le sens auditif des gens en phase terminale n'est pas plus altéré que lors de leur vivant.

Lors d'un coma, même si les yeux de la personne sont fermés, ça ne veut pas dire qu'elle n'est pas avec nous. Généralement, les gens dans le coma sont toujours présents et entendent très bien tout ce que nous leur disons. À la lecture de ces mots, je vois déjà certaines personnes se dire qu'il aurait été préférable qu'ils discutent de certains sujets à l'extérieur de la chambre d'hôpital. C'est vrai, plusieurs personnes ne comprennent pas qu'un coma est seulement une perte de la conscience et de la vigilance qui n'est pas réversible par des stimulations. C'est une dysfonction cérébrale qui peut être d'origine toxique, médicale ou traumatique.

D'ailleurs le mot coma vient du grec« κôμα » qui signifie sommeil profond. Or, même dans un sommeil profond, nous entendons tout ce qui se passe autour de nous. Les gens qui sont sortis d'un coma, vivants ou non, s'entendent pour dire que lorsqu'ils entendent les gens ou les bruits autour d'eux, ils ont l'impression qu'il y a de l'écho. Alors pour répondre à la question, effectivement, les personnes qui sont en phase terminale, en soins palliatifs ou en fin de vie entendent très bien tout ce que nous leur disons. C'est pourquoi il est important, si vous avez des choses importantes à discuter en famille et que vous ne voulez pas que la personne malade les entende, de sortir de la chambre par respect pour eux.

« Quelqu'un m'a dit que j'avais des dons, je ressens beaucoup de choses. Comment pourrais-je développer ces dons un peu plus ? »

Nous possédons tous en nous une certaine faculté médiumnique, donc nous sommes tous un peu médium. Je tiens à préciser que je n'aime pas le mot « dons » car pour moi, Dieu ne nous a pas donné cette faculté car nous étions moins bien que lui. N'a-t-il pas fait notre âme à son image et à sa ressemblance ? C'est pourquoi j'utilise le mot faculté. Il y a plusieurs formes de facultés qui passent de la voyance à la médiumnité et de l'intuition au rêve prémonitoire. Lorsque nous sommes enfant, cette faculté est très alerte. Comme nous l'avons vu dans un chapitre précédent, la plupart des enfants voient et entendent le non vivant. En grandissant, nous apprenons la raison, la différence entre le bien et le mal et notre imaginaire cède la place à notre sens logique. Notre cerveau trie toutes les informations que nous recevons et conserve ce qui lui semble pertinent et réel.

Avant même de pouvoir commencer à travailler et à utiliser nos facultés, nous devons franchir un très grand pas. Nous devons apprendre à nous faire confiance. La confiance en soi est la clé du succès au niveau du développement personnel et de celui de nos facultés.

Une personne qui n'a pas confiance en elle ne pourra pas approfondir et travailler correctement ses facultés puisqu'elle doutera constamment de la réalité ou l'irréalité de ses ressentis. En travaillant à améliorer cette confiance en soi, vous pourrez comprendre et assimiler la réalité qui s'ouvre devant vous.

Par la suite, il faut apprendre à méditer. La méditation est avant tout une forme de relaxation où nous apprenons à faire le vide, à épurer nos pensées et à élever notre âme. Il existe plusieurs formes de méditation, qu'elle soit guidée ou seule, mais la meilleure demeure toujours celle à laquelle vous vous identifiez le plus. Il est important, pour toute personne qui veut travailler sur ses facultés, de pouvoir faire le vide afin d'accepter et d'accueillir les informations et les vibrations environnantes. Une fois que vous aurez été capable de faire le vide et de vous faire pleinement confiance, vous devrez déterminer dans quel type de médiumnité vous vous trouvez.

Nous retrouvons plusieurs sortes de médiumnité. La base de toute faculté est l'intuition. Une personne qui écoute ses intuitions sera beaucoup plus propice qu'une autre qui ne les écoute pas. Souvent, le problème vient d'une dualisation entre la tête et le cœur. Alors si vous écoutez vos intuitions, vous serez plus apte à ressentir ce qui vous entoure.

Outre l'intuition, il existe plusieurs formes de faculté. En voici quelques-unes :

La clairvoyance : faculté qui permet de percevoir des objets ou des personnes grâce à une image, un flash qui se dessine devant vous, comme si vous le voyez sur un écran de cinéma.

La clair audience : faculté qui permet d'entendre des voix et des vibrations en provenance de personnes décédées ou des anges et des guides.

La clairsentience : faculté qui permet de percevoir les émotions, les sentiments et les vibrations des autres personnes.

La télékinésie : faculté qui permet de déplacer des objets sans les toucher de quelconque façon.

La psychométrie : technique qui permet de percevoir l'énergie d'un objet et de pouvoir, grâce à cette énergie, raconter l'histoire de cet objet ou de son propriétaire et de décrire des événements et des souvenirs qui y sont rattachés.

La cartomancie : technique qui permet, grâce à un outil tel que les cartes ou le tarot, jumelée à l'intuition, de pouvoir prédire les événements du futur et également de démystifier des moments présents.

L'analyse des rêves : technique qui permet à la personne, grâce à son intuition et à son expérience, de démystifier les messages codés qui se glissent à travers nos rêves. La personne qui fait l'analyse pourra donc prédire et lire certains instants du passé, du présent et du futur de la personne.

La radiesthésie (pendule) : technique très ancienne de croyance basée sur les radiations et les ondes en utilisant cet outil qu'est le pendule. La radiesthésie permet à la personne qui la pratique d'obtenir des informations de l'inconscient et du subconscient d'une personne et de les transcrire à sa place.

L'astrologie et la numérologie : ces sciences mathématiques existent depuis bon nombre d'années. Elles consistent à établir des prédictions par des principes mathématiques et, dans le cas de l'astrologie, par la disposition des planètes. Ces sciences demandent un minimum d'études avant de pouvoir les pratiquer convenablement.

Il existe également plusieurs autres formes tels que les rêves prémonitoires, l'écriture spontanée (écriture automatique), les runes et autres. Une fois que vous aurez trouvé dans quelle sphère de travail vous vous sentez à l'aise, vous devrez vous mettre à l'épreuve. Pratiquez souvent, méditez et faites-vous confiance. Ce sont les clés du succès.

Il existe une autre forme de médiumnité qui est plus rare que les autres et c'est la médiumnité innée. Les médiums innés, comme moi-même, n'ont pas besoin de ces outils pour pouvoir percevoir l'au-delà et ce qui les entoure. Nous n'avons pas de boutons qui nous permettent de fermer cette faculté. À la différence des autres facultés ci-haut mentionnées, nous n'avons pas besoin de toute cette concentration pour nous exécuter. Il faut comprendre que cette forme de médiumnité, qui est acquise dès la naissance, est très rare. Donc, il serait préférable de se concentrer sur les autres formes de médiumnité au lieu de prétendre être un médium inné.

Avec beaucoup de travail et de détermination, vous réussirez sûrement à développer vos facultés. L'important est de les utiliser à bon escient. Respectez-vous, respectez les autres et vous pourrez vivre d'excellents moments grâce à vos facultés.

Un dernier conseil : l'ange qui veille sur les médiums et permet d'ouvrir un peu plus nos facultés est Hamiah. Elle est responsable de tous les médiums et elle veille sur tous ceux qui veulent travailler sur leur croissance personnelle et spirituelle.

« Quelle est la différence entre un enfant médium, indigo, cristal? »

Cette question m'est régulièrement posée, car de plus en plus d'enfants démontrent certaines facultés médiumniques et vibratoires et sont encouragés par les parents à poursuivre dans cette voie. Un enfant médium est tout simplement un enfant dont les facultés médiumniques sont décuplées.

Tous les enfants naissent avec certaines facultés mais celles des enfants médiums sont un peu plus évoluées et persisteront généralement tout au long de leur vie. Comme nous l'avons vu dans un chapitre précédent, les facultés sensitives des enfants s'atténuent autour de l'âge de 6 à 8 ans. En en ce qui concerne les enfants médiums, elles peuvent durer toute leur vie.

Il n'en tiendra qu'à lui de décider s'il veut les développer de plus en plus ou laisser la vibration et l'intuition telles quelles lorsqu'il sera un peu plus vieux. On quantifie approximativement aujourd'hui que 1 enfant sur 25 000posséderait des facultés de médiumnité plus développées que la moyenne.

Quant aux enfants indigo, ce qui les caractérise est la couleur de leur aura. Ils sont des âmes plus évoluées, différentes des autres âmes car ils ont acquis un sens de la perception un peu plus développé. Les enfants indigo sont généralement des âmes qui ont acquis beaucoup d'expérience au cours de leurs vies passées et qui sont dotés d'une très forte intuition en plus de certaines facultés médiumniques. Aujourd'hui, on croit également qu'un enfant sur 25 000 serait un enfant indigo. Plusieurs grands de ce monde étaient des enfants indigo. Nous n'avons qu'à penser à Léonard de Vinci, Jeanne-d'Arc, Pythagore, Michel-Ange, ce ne sont que quelques-uns d'entre eux.

Pour leur part, les enfants cristal sont un peu différents des enfants indigo. On quantifie qu'approximativement 1 enfant sur 50 000 serait un enfant cristal. Ils naissent avec la faculté de perception très développée et leur faculté médiumnique est également très forte. Un enfant cristal peut quantifier son nombre de vies passées à un minimum de 200. C'est un être qui a vécu énormément et qui a appris tout autant. C'est pourquoi, chez plusieurs de ces enfants, on remarque des capacités d'apprentissage très élevées mais des comportements qui laissent à désirer.

Vous comprendrez qu'un enfant qui a refait approximativement 50 fois sa première année puisse trouver le temps long.

Tous ces enfants, qu'ils soient indigo, cristal, arc-en-ciel ou médium, sont tous des êtres plus sensibles que les autres, tant au niveau de la perception que de l'émotion. Ce sont des êtres qui vous en apprennent beaucoup sur la vie et ce, dès leur bas âge. Mon plus grand conseil si vous avez des enfants de ce genre, est de les écouter, de les encourager et de partager ce qu'ils vivent.

Chapitre 11

Témoignages

"Le témoignage des sens est, lui aussi, une opération de l'esprit où la conviction crée l'évidence."

Marcel Proust

Après presque 20 ans de carrière, j'ai appris que lorsque je raconte mes histoires et mes expériences, leur force se résume par le témoignage des gens qui sont directement impliqués. Alors voici quelques témoignages relatant certains faits de la réalité de la vie après la mort et de tous ceux qui l'entourent.

Je remercie toutes ces personnes qui m'ont fait ces beaux cadeaux par les témoignages reçus depuis plusieurs années. Comme le dit le proverbe, vous êtes la conviction de l'évidence. À tous ceux-là merci.

Bonjour Christian, suite à l'émission « Deux filles le matin » de novembre 2010, tu m'as livré un message de mon père décédé depuis 6 ans. Ça m'a donné le goût d'avancer dans la vie car depuis la perte de mon père, ma vie s'est arrêtée et j'ai fait une grosse dépression. J'ai maintenant le goût de continuer et ça m'a également encouragée à aller de l'avant. Merci à toi mon ange pour ce beau message et surtout de m'avoir permis de voir la vie autrement. Le seul fait de savoir que mon père est là, derrière moi, et qu'il m'aime m'aide vraiment.

Nancy Gentes

Bonjour Christian,

Il me fait extrêmement plaisir de partager mon expérience. Le 29 mai dernier, je suis allée vous rencontrer à Sainte-Anne-des-Monts. Je désirais parler avec ma sœur Francine et mon papa Napoléon. Dès le début de la séance, je savais que c'était bien eux qui étaient avec moi. Des pleurs, des rires et une paix immense m'ont habitée. Ma sœur et mon papa sont décédés du cancer. J'avais surtout besoin de communiquer avec ma sœur car elle était ma seconde mère et nous avions une complicité formidable. Tout au long de sa maladie, elle avait refusé d'en parler, même à moi, et j'avais besoin de comprendre ses raisons. J'avais l'impression que certaines choses n'avaient pas été dites. Elle m'a expliqué qu'elle ne voulait pas parler de sa mort parce qu'elle avait choisi de marcher parallèlement au cancer afin de ne pas le voir la dépasser et ainsi préparer sa famille à son départ. C'était très beau et depuis ce temps, je suis en paix avec tout ça.

Le 1er octobre, je suis déménagée et je leur ai demandé de me faire un signe me confirmant leur présence dans ma nouvelle vie. À ma grande surprise, dès la première soirée, j'ai trouvé un sous noir dans chaque pièce de la maison et lorsque je me suis réveillée durant la nuit, j'ai retrouvé 3 sous en cercle près de ma table de cuisine. J'étais et je demeure convaincue qu'ils sont avec moi et ça me rend sereine et en paix avec ma décision. Merci Christan de m'avoir permis de vivre cette expérience et de retrouver la sérénité et la paix intérieure.

Lili Cotton

Bonjour Christian,

Par ce bref message, je désire te remercier de notre entretien d'hier. J'ai été privilégiée et je veux que tu saches à quel point je t'en suis reconnaissante.

Merci pour tous ces partages, merci pour ce contact avec ma grand-mère. Je remercie la vie également d'avoir placé un ange sur ma route puisque, à mes yeux, c'est sans contredit ce que tu es! Merci Christian et au plaisir!

Karine

Bonjour,

Il y a quelque temps, soit au cours de l'année 2009, j'ai vécu une expérience inoubliable en compagnie de Christian dans le cadre de l'émission : "Si c'était vrai". Je suis entrée en contact avec Christian et je lui ai fait parvenir une photo où l'on pouvait voir un visage, qui en principe n'aurait pas dû se trouver là. Il m'a alors proposé de venir faire le «ménage» chez-moi et de participer à cette émission de télévision. J'avais déjà expliqué à Christian ce qui se passait chez moi, les impressions ressenties, les bruits entendus, etc. Le genre de choses qui nous font douter, sans jamais être certains… Mais Christian, à la vue de la photo m'a confirmé qu'il y avait bien des entités chez-moi… Il m'a alors proposé de venir y faire le «ménage» et de participer à cette émission. Après quelques hésitations causées par le fait que nous avons toujours un peu la peur du jugement des autres, j'ai quand même accepté sa proposition car il était très important pour moi de mettre de l'ordre dans ma maison.

L'équipe de tournage, incluant France Gauthier, a commencé par venir s'informer de la situation. Par la suite, Christian est arrivé et il a commencé à donner ses impressions. En faisant le tour de la maison il a confirmé qu'il ressentait de l'énergie négative. Pas étonnant que par le passé, j'aie ressenti des malaises chez-moi. C'est surtout au sous-sol que je me sentais oppressée. Il nous a alors informés qu'il y avait aussi les entités d'un petit garçon et d'une petite fille qui étaient le neveu et la nièce de l'entité négative.

Christian a fait le nécessaire pour purifier la maison et en même temps libérer ces 3 âmes. Ce moment a été plutôt surprenant et déstabilisant, comme le moment où il a ouvert la trappe du grenier pour les obliger à partir mais Christian a conservé le contrôle de la situation tout au long de l'opération.

En terminant, on a fait le tour de la maison pour voir comment on se sentait et nous avons constaté que l'ambiance était déjà plus calme. Ce qui a été assez particulier, c'est que pendant toute la journée de tournage, Isis, notre chienne, nous suivait partout et était assez agitée. Elle a même jappé pendant que Christian aidait ces âmes à passer la porte… Puis quand tout a été terminé, on a pu constater qu'elle dormait par terre au sous-sol. Elle s'était soudainement calmée quand Christian s'est débarrassé de ce qui habitait la maison. Spécial non? Depuis, je peux vous assurer que je ne ressens plus rien de « négatif » chez-moi et que je ne suis plus dérangée par aucuns bruit… Je n'oublierai jamais cette expérience et je tiens encore à remercier Christian pour le précieux service qu'il m'a rendu.

Manon Pepin

Bonjour Christian,

Je t'écris aujourd'hui pour te remercier. Nous nous sommes parlé il y a un peu plus d'un an au cours d'une consultation téléphonique. Tes paroles ont apaisé de vielles blessures mais elles m'ont surtout fait réaliser l'importance de vivre le présent. Tu m'as également aidée à vivre ma spiritualité et à découvrir le monde angélique. En 3 mois, 4 personnes de mon entourage sont décédées. Le cheminement que j'ai fait grâce à toi m'a permis de vivre ces deuils avec « sérénité » et avec une certaine acceptation. Je prie pour eux afin qu'ils atteignent la lumière et trouvent la paix. À travers les larmes, je peux leur sourire car je sais qu'ils sont là.

Mon fils vient de perdre un ami et tes paroles m'ont aidée à le réconforter. Hier, il m'a dit : « maman, il me manque mais je sais qu'il est bien parce qu'il est avec les anges. Il est mon petit ange et il veille sur nous. » C'est beau de voir la pureté et la sagesse que les enfants portent en eux. Pour finir, tu m'as dit, lors de notre consultation, que mon amie décédée était en train de préparer son retour. Eh bien dernièrement, j'ai su que sa cousine, qu'elle adorait, était enceinte de triplets…

Je suis heureuse d'avoir eu la chance de te parler. Tu es vraiment quelqu'un d'extraordinaire. C'est un cadeau inestimable que tu offres en partageant ton don avec tant de gens. Tu ne donnes pas que des réponses, tu donnes un sens à la vie et la mort. Tu donnes de l'espoir et la foi.

Mille mercis

Mélanie

Allo Christian,

Je voulais tout simplement te donner des nouvelles, mon fils Tomas à qui, selon moi, tu as redonné la vie qu'il n'avait pas vraiment eue. Il va très bien et il lui arrive de dire à son petit frère de ne plus pleurer car les messieurs sont partis avec Christian. Il a parlé à ma grand-mère qui est décédée il y a 12 ans, il me l'a décrite comme si elle était devant nous. C'était magnifique. Son humeur avec son entourage et surtout avec son père a réellement changé. Que demander de mieux?

Alors je veux simplement te remercier infiniment d'avoir sauvé la vie de Tomas et en même temps celle de Noah. Sans toi, notre vie familiale ne serait pas aussi fantastique et magnifique. Un gros gros merci!   Audrey et Martin

Bonjour Christian,

Comme tous ceux qui t'ont écrit avant moi, je viens moi aussi répéter combien tu as été merveilleux et même incroyable! Quelle fantastique sensation que de se sentir vraiment en communication avec un être cher que l'on a perdu. Ces instants extraordinaires vécus grâce à ta présence sont presqu'impossibles à décrire.

Nous sommes des êtres privilégiés d'avoir pu te rencontrer et nous en sommes conscients et tellement reconnaissants. C'est vrai que les mots ne peuvent pas toujours témoigner de la profondeur de notre gratitude envers toi et l'Ange Damabiah. Ma mère aussi vous dit mille fois Merci pour sa guérison ainsi que pour la paix que tu lui as apportée. Sache que j'ai été vraiment impressionnée par ton écoute et ta chaleur humaine. En tout cas, pour moi, tu es une véritable inspiration et je ne saurai jamais assez comment te remercier. Je pense que finalement ça se fera comme quelqu'un l'a déjà dit, dans un monde céleste.

Anne-Marie S.

Dimanche, 4 avril 2010, 3h30 a.m.

Certains diront que je suis folle, d'autres ne comprendront pas et préfèreront ignorer. Plusieurs liront mon histoire avec compassion. J'espère que beaucoup se serviront de mon expérience pour évoluer à leur tour. Mais l'important pour moi, c'est de la partager pour me libérer et surtout pour m'excuser auprès des gens que j'ai pu blesser involontairement.

Depuis plusieurs semaines, je sais que je dois assister à la conférence de Christian Boudreau, consultant astral, sur « La vie après la mort » le 27 mars et que je le rencontrerai en privé le 6 avril à 14h30. Je remarque que depuis que mon rendez-vous avec Christian est fixé, un mal de tête lancinant ne me quitte pas.

Je ressens aussi des problèmes de sommeil et les angoisses sont plus fréquentes. Une partie de moi résiste et ce, de plus en plus alors que le 27 mars arrive.

Après la conférence, les informations que Christian nous transmet sur les phénomènes de hantise me mettent sur une piste. Serait-il possible que ma mère (décédée en 2005) me transmette ses peurs et ses angoisses. Vous devez savoir que ma mère avait les mêmes peurs et angoisses (transgénérationnelles) et qu'il est donc possible que je sois également atteinte. J'ai toujours été consciente de cette situation et je travaille sur « mon cas ».

Donc, comme j'ai la possibilité, à cette étape de ma vie, de clarifier ce phénomène et surtout que j'ai sur mon chemin la meilleure personne pour m'aider, je décide d'aller de l'avant. Je ne peux laisser passer cette chance, il n'y a pas de hasard. Et surtout, si quelqu'un peut m'aider à régler mon problème de peurs et d'angoisses, cela n'a pas de prix, car pour les sous, ça va s'arranger.

Deux semaines avant la rencontre privée avec Christian, lors d'une méditation, je demande aux êtres de l'au-delà qui veulent communiquer avec moi d'être présents lors de ma rencontre. Le lendemain, je reçois un appel de sa collaboratrice qui m'offre de devancer ma rencontre de 4 jours. Bien sûr !!! La rencontre débute en informant Christian de la situation de mes peurs et angoisses et de la piste que j'ai sur le phénomène de hantise. Sans entrer dans les détails de l'entrevue, nous découvrons que je suis effectivement victime de para hantise (possession des lieux) qui, après avoir rassemblé toutes les informations, se solde par la pavo hantise (possession du corps et des lieux) d'une entité négative. Christian me confirme que cette entité n'est pas passée à la lumière et qu'elle ne le veut pas. Vous aurez deviné que cette entité est MA MÈRE. C'est à la fois un soulagement de comprendre enfin mais aussi un sentiment que je ne peux décrire ; une mère ne peut pas agir comme ça !!!!

J'apprends qu'elle ne voulait pas mourir, qu'elle n'est pas dans la lumière, qu'elle sait comment passer à la lumière mais qu'elle ne veut pas y aller, qu'elle continue ce qu'elle devait vivre et faire chez les vivants, À TRAVERS MOI. Je suis sa propriété, je suis sa marionnette.

C'est une femme aigrie, en colère, agressive et bornée que j'entends par Christian. Effectivement, à travers Christian, elle dit que la maison, c'est chez-elle (pourquoi vous avez tout déplacé, je ne me reconnais plus !!!), que c'est elle qui a tout arrangé pour que je sois dans la maison avec mon père (j'ai acheté la maison 6 mois après son décès, sans trop savoir ce que je faisais et ce qui se passait...), que c'est elle qui a le contrôle, etc. La suite de son discours va dans le même sens, sans qu'elle n'en démorde et malgré que Christian et moi tentions de lui faire comprendre qu'elle est morte, etc. Nous ne rencontrons aucune réceptivité de sa part, elle est déchaînée !!! Pour elle, elle ne voulait pas mourir et elle n'est pas morte !

Elle dit que j'ai besoin d'elle, que mon père a besoin d'elle, que nous sommes en train de l'oublier, qu'elle a fait la promesse à mon père qu'elle s'occuperait toujours de ses enfants, qu'elle a sacrifié sa vie pour ses enfants pour le peu de reconnaissance qu'elle a reçue, qu'elle n'a pas eu de vie, que c'est sa maison et qu'elle ne la laissera jamais. Elle dit que je suis son mouton noir, qu'elle n'a pas réussi à me casser (car je lui ai toujours tenu tête...) mais que c'est maintenant que je paie en subissant ce qu'elle a elle-même vécu, que c'est elle qui a le contrôle, qu'elle m'a entendue lui demander d'aller dans la lumière.

Je pourrais continuer encore longtemps sur cette lancée...

Mais elle ne m'écoute pas, elle n'écoute personne, rien à faire !!! Même Damabiah (ange de Christian qui l'aide) n'arrive pas à l'amadouer pour trouver une solution. Aucune réceptivité. Elle engueule Christian !

Elle dit que je ne comprends pas, que ce qui se passe dans la maison reste dans la maison et que les voisins n'ont pas besoin d'être au courant. Comment vous pouvez aider ma fille, vous ne la connaissez même pas. Elle est où votre boule de cristal, j'vous connais pas, vous parlez comme un médecin, vous ne savez pas ce que c'est que d'élever des enfants, j'ai donné ma vie pour eux moi monsieur, je n'ai pas eu de vie, etc.

Cependant, au cours des pourparlers, nous découvrons une corde sensible : Sébastien (son fils décédé en 1995) et aussi le fait que je lui dise que je l'aime et que je la comprends. J'aimerais ici faire une mise au point : pendant l'entrevue, je n'avais pas de doute que c'était elle. Malgré la peine que j'avais de constater que ma mère était cette entité négative aigrie et bornée, c'était bien elle à cause de ses paroles (entre autres, elle m'appelait « Josée ») et de ses expressions bien à elle que Christian ne pouvait connaître, etc. Les personnes qui ont écouté l'enregistrement pourront en témoigner.

À ce stade, la solution est qu'elle accepte de passer à la lumière, mais ELLE NE VEUT PAS !!! Donc, Christian m'entretient sur les choix qui s'offrent à moi : la faire passer de force à la lumière à l'aide de deux anges de la mort ou continuer à vivre avec elle dans la maison où elle prendra de plus en plus le contrôle et où d'autres entités négatives pourront s'infiltrer. NON MERCI, C'EST ASSEZ !!!

Christian m'a demandé de lui dire les dernières paroles avant que les anges de la mort ne l'amènent à la lumière. Je lui ai dit que je l'aimais, que c'était maintenant le temps de se libérer, que nous avions la chance d'avoir Christian sur notre chemin pour nous aider, que je voulais qu'elle veille sur moi mais pas de cette façon car elle m'empoisonnait présentement la vie, que je ne voulais plus vivre ces angoisses, etc.

Par la suite, Christian m'a dit qu'il préférait que je n'aie pas entendu tout ce qu'elle a crié. Merci Christian et je m'excuse pour elle. Je vous passerai les autres commentaires de cette étape.

C'est fait, elle est passée à la lumière malgré elle. Il le fallait. J'ai ressenti un énorme frisson dans tout mon corps, un gros tremblement et un courant d'air froid m'envahir. Je me sentais vidée de mon énergie. Elle sortait de moi. Demain, lundi, Christian viendra purifier et sceller ma maison pour la vider de toute l'énergie négative imprégnée dans ses murs depuis 5 ans.

Tout ce que j'ai vécu, j'ai vu ça à la télévision et probablement que vous aussi mais c'est une chose de le voir et c'en est une autre de le vivre.

Psychologiquement, émotionnellement et physiquement, cette expérience est ce que j'ai vécu de plus intense au cours de ma vie. À la sortie de l'entrevue, j'avais des choses à faire et à dire, entre autres le rituel de la chandelle du deuil avec mon père mais j'avais surtout à vivre tout cela dans tous mes corps. Christian m'avait prévenue que vendredi et samedi je ressentirais nausées, maux de tête, angoisses, etc.

Je devais vivre dans mon corps ce transfert d'énergie qui m'a vidée complètement et c'est peu dire !!!

Présentement, je reprends vie dans tous mes corps. Dans la maison, je ressens un grand silence, un grand calme, comme quand la visite part et que nous nous retrouvons seuls. C'est bien spécial. Elle n'est plus là, mais jusqu'à la purification de la maison, son énergie est encore dans les murs.

Je me demande souvent qui je suis (elle ou moi) quand je parle ou que je pose un geste. Je dois reprendre possession de mes pensées propres, de mes comportements et de mon environnement. Comme bien des personnes l'avaient remarqué (celles qui ont connu ma mère). Je bougeais de plus en plus comme elle, j'avais ses expressions, ses manies, ses peurs, ses angoisses, etc. La seule différence c'est que je ne parlais pas comme elle. Il était temps qu'il se passe quelque chose avant d'en arriver là...

J'ai surtout pris de l'emprise que ma mère avait eue sur ma vie et mon environnement au cours des 5 dernières années.

Pour ceux et celles qui connaissent mon chien Charlot, je sais maintenant qu'elle en avait également pris possession et qu'elle se servait aussi de lui pour me protéger car il agit exactement comme tel. C'est un chien très insécure (mêmes peurs et angoisses que ma mère et moi) qui me protège à l'extrême et peut être très agressif et jaloux avec certaines personnes (les personnes que ma mère ne connaît pas) alors qu'il peut se montrer doux et calme avec d'autres (mon amoureux, ma fille, ma nièce et certaines amies). Il se comporte de la même manière que ma mère, ce qui est sa façon de m'aimer. Curieusement, depuis qu'elle est passée à la lumière, Charlot est plus calme. Il me regarde et semble se demander ce qui se passe… Il vit lui aussi la dépossession. Quand j'ai choisi mon chien, j'ai demandé qu'il soit en harmonie avec mon Essence mais à l'Essence de qui ? Maintenant, je comprends…

Tout se tient dans ce qu'elle a dit : elle avait vraiment le contrôle sur mes pensées et mes comportements et je dois maintenant apprendre à être moi, sans elle. Je ne dirais plus (comme je le disais et pensais à tous les jours) qu'une partie de moi ressent ça et que l'autre partie de moi ressent le contraire. Tout se tient. C'est presque épeurant !! Elle voulait nous garder (mon père et moi) dans la maison, juste pour elle.

C'était sa façon de nous aimer, de prendre soin de nous mais elle ne savait pas comment ça m'empoisonnait la vie.

C'est pour cette raison que mon amoureux n'est plus là et que mon père est seul lui aussi, juste nous deux dans la maison, juste pour elle. Je comprends pourquoi je me sentais mal avec certaines personnes dans la maison. Une partie de moi se sentait envahie, l'autre non. Et quand j'écoutais « l'autre non », l'angoisse montait. C'était elle qui me ramenait à l'ordre, qui prenait le contrôle. C'était un combat constant 50 fois par jour, 1000 fois par jour. Enfin je comprends que je ne suis pas folle.

Les personnes de mon entourage savent que ma vie est un roman savon avec des rebondissements presque journaliers. Entre autres, je comprends pourquoi c'était si compliqué lorsque venait le temps de faire des modifications ou des rénovations dans la maison; elle ne voulait pas que sa maison change. Dans l'entrevue, elle a dit que même si je vendais la maison, elle me suivrait partout. C'est principalement pour cette raison que j'ai fait le choix de la forcer à passer à la lumière.

Tous les conflits avec certaines personnes pour réussir à me garder pour elle… Il était facile de devenir comme elle mais je livrais un combat constant pour demeurer moi-même, avec toutes les angoisses qui viennent avec… Je dois faire le tri d'une poche de vêtements : ça c'est à moi, ça c'est à elle. Quand j'arrive à dormir et que je me réveille, j'aimerais que tout cela soit un mauvais rêve, mais non… On pense que cela n'arrive qu'aux autres, mais c'est à moi que c'est arrivé.

Ce matin, je me suis sentie poussée à écrire mon histoire car demain, après la purification de la maison par Christian, j'ai l'intention de mettre cette étape de ma vie dans mon bagage de souvenirs et ne plus avoir à la raconter car pour moi, c'est très pénible d'en parler, de constater que ma mère m'a fait tant de mal. Je veux seulement vivre la complicité avec les gens qui connaissent mon histoire. Je sais que j'aurai besoin de leurs oreilles, de leurs bras et de leur amour car je crois que je suis encore sous le choc mais je sens que le meilleur est à venir. Certains diront que je suis folle. D'autres ne comprendront pas et préféreront ignorer. Plusieurs liront mon histoire avec compassion. J'espère que plusieurs se serviront de mon expérience pour évoluer à leur tour. Mais l'important pour moi, c'est de la partager et de m'excuser auprès des gens que j'ai pu blesser involontairement. Et surtout, je veux être enfin libre.

Marie-Josée St-Pierre

Merci infiniment!

Ces lettres m'ont aidée à comprendre certaines choses, même si elles ont engendré d'autres questionnements. Mais ce que j'ai surtout compris c'est que tout ce que j'ai à faire, c'est de prier pour que ma mère trouve la paix et la lumière et surtout, la remercier de veiller sur moi et ma famille. J'espère qu'elle arrivera à apaiser ses émotions et son mal à l'âme car j'ai senti une grande tristesse dans ses mots et j'ai l'impression qu'elle ne voulait pas trop le montrer. Je pense que l'important ce n'est pas de tout savoir mais simplement de souhaiter le mieux pour elle au présent et de cesser de pleurer le passé afin de mieux avancer. De toute façon, cette expérience m'a beaucoup fait réfléchir et j'ai réalisé l'importance de profiter du moment présent et je crois qu'un jour, nous serons tous réunis. Bref je vais continuer de lui parler et de prier pour elle.

Merci pour tout et pardon pour mon impatience. Comme tu le dis si bien, mieux vaut tard que jamais. Merci pour m'avoir aidée à avancer dans mes réflexions. Tu m'as permis de faire le point sur certaines choses qui traînaient dans mon for intérieur depuis longtemps et aussi de rétablir l'équilibre entre mon cœur, ma tête et mes croyances. J'ai maintenant la conviction que mes croyances sont vraies ainsi que mes impressions. En passant, quand mon père s'est remis en couple, j'étais toute jeune et j'ai rapidement appelé sa blonde maman. Depuis ce jour, quand je parle de ma mère, je l'appelle maman Marlène et mes frères et mon père font la même chose. C'est ce qui me confirme avec certitude que tu as eu un contact avec elle, car ta lettre se termine par "Maman Marlène".

Merci encore! J'aimerais beaucoup posséder ta sensibilité et ta générosité. C'est un beau cadeau que la vie t'a fait d'avoir ce don et tu le lui rends bien en le partageant avec ceux qui en manifestent le besoin.

En terminant, les changements dans ma vie dont tu m'avais parlé sont amorcés et, jusqu'à maintenant, c'est pour le mieux.

Je te remercie une dernière fois et j'espère qu'un jour, j'aurais la chance de te reparler ou même de te rencontrer pour un plan de vie.

Bye et bonne journée

Mélanie

C'est en écoutant le reportage de Christian à l'émission "Si tout était vrai" que j'ai constaté que je vivais des phénomènes paranormaux dans ma propre maison. Je croyais que tout ça se passait uniquement dans ma tête jusqu'à ce que je vois son émission. À ma grande surprise mon mari et mon fils vivaient la même situation que moi mais nous n'avions pas assez d'assurance pour nous en parler sans penser que nous avions quelque chose qui allait de travers.

Christian a été un ange pour nous. Il est venu à la maison et s'est empressé de tout nettoyer. C'est un art croyez-moi! Qui peut se vanter de ressentir (vraiment ressentir) voir et entendre le monde invisible. C'est un don! Christian est un homme très courageux et surtout très généreux. Pourtant me direz-vous.." l'énergie c'est rien, c'est se battre contre du vent ... l'invisible". Eh bien non. L'énergie, c'est vraiment très fort. Tellement que la santé mentale des occupants de la maison peut en être affectée. Chez-nous, il y avait souvent de la discorde et je suis certaine que c'en était la cause principale.

Depuis que notre maison a été nettoyée, la paix est revenue. L'air circule à nouveau et est redevenu respirable. Nous n'avons que des bons mots et du respect à son endroit.

Je lève mon verre à ta santé Christian. Prends soin de toi en ces moments difficiles que tu vis. On te connaît, tu es solide et nous sommes assurés que tu ne lâcheras pas et que tu seras bientôt sur pied.

Longue vie et succès à toi, Christian et bisous.

Bisous,
Les Quevillon
XXX

Chapitre 12

Le dernier chapitre

"Suis ton cœur pour que ton visage rayonne
durant le temps de ta vie."

Sagesse égyptienne

Le dernier chapitre de ce livre sera peut-être, pour plusieurs d'entre vous, difficile à lire, à comprendre ou même à analyser. Il ne s'agit nullement d'une fiction mais bien de la réalité que je vis aujourd'hui. Je n'ai pas l'intention de vous cacher quoi que ce soit mais plutôt d'être très transparent. Ce que contient ce chapitre est la pure vérité, sans artifice et sans tabou. Je n'aurais pu inventer de telles choses et, soit dit en passant, nous ne pensons jamais que ça pourrait nous arriver. Je ne fais que relater les événements qui sont survenus dans la nuit du 20 au 21 octobre 2011 et ce que j'en ai retiré.

Veuillez noter que j'appellerai tout au long de ce chapitre mon agresseur « Nico », par respect pour ses parents et sa famille qui vivent eux aussi des temps difficiles. Que Dieu vous garde et que les anges veillent sur vous.

Tout a commencé le soir du 20 octobre 2011. Assis devant mon ordinateur, je complétais des dossiers tout en discutant par SMS avec Nico, une de mes connaissances. Il me parlait des problèmes qu'il vivait, de l'anxiété qui occupait son esprit. Étant de nature généreuse, je lui ai offert de venir prendre un verre et d'en parler plus longuement. En attendant qu'il me rejoigne chez-moi, j'ai avisé mes proches du fait qu'il venait à la maison afin que je puisse l'aider à voir plus clair en lui dans le but de l'aider à résoudre ses problèmes.

201

Lorsqu'il est arrivé, il était un peu inquiet mais très posé. J'ai alors ouvert une bouteille de vin et nous sommes passés à la salle à manger afin de discuter de ce qui l'angoissait. Il m'a parlé de sa dernière relation qui l'avait amené dans l'enfer de la drogue : cocaïne, amphétamines et alcool ont été dévastateurs pour ce jeune directeur de comptes bancaires commerciaux. Depuis plusieurs mois, il m'a dit vivre cet enfer et il tentait de s'en sortir. Je lui ai répondu qu'il y avait plusieurs avenues possibles pour quelqu'un qui veut se libérer de la toxicomanie mais il m'a répondu qu'il contrôlait très bien la situation.

Vers 22h30, j'ai pris une pause pour aller à la salle de toilette et quelle ne fut pas ma surprise de constater, à mon retour, que Nico, un billet de banque roulé près de sa narine, était en train de consommer de la cocaïne chez-moi. Je n'ai rien contre ceux qui consomment de telles substances mais je suis chez-moi et dans ma maison, on ne consomme pas de drogue. Sans broncher, Nico a rangé sa cocaïne et nous avons poursuivi notre conversation.

Il m'a dit que j'étais chanceux de pouvoir vivre de la manière dont je le faisais, d'avoir quelqu'un qui m'aime dans ma vie et de pouvoir tout simplement vivre. Je lui ai répondu que la chance n'avait rien à voir avec tout ça. Moi aussi, je devais payer les factures qui arrivent chaque mois, travailler fort pour m'offrir le confort dont je bénéficie et poursuivre ma relation avec la personne que j'aime et qui est actuellement très présente dans ma vie. Il me dit alors que je serais mieux avec lui et je lui ai répondu que mon amour pour cette personne était inconditionnel et qu'il faisait partie de ma vie et que j'espérais que ce serait pour toujours.

Après s'être servi une deuxième coupe de vin, il m'a parlé de ses problèmes financiers. Il m'a dit avoir de grosses dettes et a précisé qu'il ne pouvait demander d'aide à personne d'autre car il devrait alors révéler son identité réelle et son orientation sexuelle différente.

Il m'a également dit que la banque pour laquelle il travaillait commencerait à effectuer des recherches sur son compte car il n'a plus l'argent nécessaire pour payer ses factures et rencontrer ses obligations dans les délais.

Il m'a alors avoué que son travail était en jeu et il m'a demandé de lui prêter une somme de 5000$. Je suis généralement de nature généreuse mais je ne peux pas rendre une telle somme disponible comme je le veux. Je me suis également dit que de donner cet argent à Nico ne lui rendrait pas service puisqu'il s'en servirait probablement ailleurs plutôt que pour les bonnes raisons. Je lui ai répondu que je devrais analyser sa demande en profondeur avec ma comptable et que je lui donnerais des nouvelles au début de la semaine prochaine.

Il a beaucoup insisté sur le fait qu'il ne pouvait pas demander d'aide à ses parents ou à son ancien employeur car il aurait trop de comptes à rendre avant d'obtenir cette somme et que j'étais son dernier espoir. Il m'a énuméré tous les risques qu'il avait pris à cause de sa consommation. Il m'a même dit avoir commencé une soi-disant thérapie pour pouvoir s'en sortir. Il m'a même offert, si je le désirais, de me payer des intérêts en faveurs personnelles. Je lui ai répété que j'étais amoureux et que ses avances ne pèseraient aucunement dans la balance quant à ma décision de l'aider ou non.

C'est alors qu'il m'a dit que je méritais mieux que la personne que j'avais dans ma vie, que je devrais le laisser et vivre une relation amoureuse avec lui. Il est allé jusqu'à me dire que, si j'acceptais, 'il serait prêt à emménager chez-moi dans quelques jours afin de faciliter cette relation. Je ne comprenais pas pourquoi il continuait à s'acharner sur ma relation qui ne le regardait pas du tout. Je lui ai demandé de cesser de me faire ses avances car il connaissait déjà ma réponse à ce sujet.

J'ai changé de sujet en lui parlant du week-end que j'allais passer dans la région Québec avec mes amis, des projets sur lesquels je travaillais présentement, de mes aspirations et de mon travail.

Il m'a dit que je devais en profiter car rien n'est éternel. Je lui ai répondu que j'avais la situation en main et je l'ai remercié de se préoccuper de moi.

Après avoir terminé sa deuxième coupe de vin, je lui ai proposé de dormir chez-moi en précisant que je serais plus rassuré s'il ne prenait pas son véhicule. Je lui ai dit en riant que j'avais une chambre d'amis et qu'il fallait bien qu'elle serve à quelque chose. Il a accepté ma proposition en me disant qu'il partirait tôt le lendemain car il travaillait. C'est alors que nous avons continué de parler de ce qui l'irritait et le tracassait. Je ne pouvais en aucun cas me douter de l'horreur qui allait se produire plus tard, cette nuit-là. Il m'a demandé de lui faire visiter ma nouvelle maison, ce que j'ai fait. Je voyais qu'il était insistant sur le prêt qu'il m'avait demandé et sur ma relation personnelle. Je me disais en moi-même que c'était peut-être un peu d'envie mais je n'y portais pas trop attention.

Il était approximativement 2h00 du matin quand je me suis senti fatigué. Je suis alors allé sur Facebook et j'ai écrit un message à mon amour et à mes amis afin de leur donner l'adresse du chalet et leur dire que j'avais bien hâte de les voir. J'ai ensuite dit à Nico que j'allais me coucher et qu'il était libre d'aller dormir s'il voulait. Il m'a demandé s'il pouvait utiliser mon ordinateur pour lire ses courriels et ensuite prendre une douche. Je lui ai répondu qu'il n'y avait pas de problème et je lui ai même sorti les serviettes. Je lui ai dit de ne pas s'inquiéter s'il entendait la porte s'ouvrir au petit matin, que ce serait mon conjoint qui arrivait. Je pris la direction de ma chambre et suis allé me coucher sans imaginer ce qui allait se passer par la suite.

Il était approximativement 5:00 du matin lorsque je senti une douleur au côté droit, comme si une lame venait de me transpercer le dos. Le souffle coupé, j'ai ouvert les yeux en sursaut et quelle ne fut pas ma surprise de me rendre compte que je venais de recevoir un deuxième coup de couteau à l'abdomen.

J'ai crié d'arrêter, que ce n'était pas drôle. J'ai même cru un moment que c'était un rêve. En réalité, c'était plutôt le début de mon cauchemar. Nico était là, devant moi, brandissant cet énorme couteau de cuisine et il me transperçait de nouveau le corps. Je lui ai crié : « arrête de niaiser, ça fait mal ! ». J'avais peine à le voir dans la noirceur de ma chambre mais la lumière de la salle de bain qui était allumée me laissait voir l'ombre de son visage et son regard menaçant. Il me criait : « tu ne mérites pas tout ça, tu n'as pas à avoir tout ça! » J'ai tenté tant bien que mal de me défendre en tenant la lame du couteau à mains nues mais comme je glissais dans mon sang, j'ai eu beaucoup de difficultés à rester debout.

J'ai pu contenir la lame mais quelques secondes plus tard, il me poignardait de nouveau. J'ai senti mon sang couler de mes plaies et mon souffle qui s'épuisait au fil du combat mais j'ai continué de me battre en me disant que je ne pouvais pas mourir maintenant. J'ai essayé de me libérer de mon agresseur en le bousculant dans cette mare de sang et en prenant la direction du grand escalier qui menait à la porte d'entrée de ma maison. Il a couru derrière moi mais j'ai été plus rapide que lui.

Aussitôt arrivé à l'extérieur, j'ai continué de courir pour trouver du secours et j'ai senti une lame me frapper derrière la tête pour finir sa trajectoire par terre. Il venait de me lancer le couteau.

J'avais le choix : mourir ou continuer. C'est alors que je me suis dit que si j'allais chez le voisin d'en face, il se lancerait à ma poursuite et finirait son travail. Comme la rue était en réparation et qu'un immense trou s'ouvrait devant moi, j'ai décidé de sauter dedans pour me protéger en me disant qu'il ne me poursuivrait pas là. Je voyais mon sang sortir de mon abdomen et je sentais le froid qui commençait à faire son effet. C'était la première nuit froide de tout l'été et il pleuvait beaucoup. La pluie était glaciale. J'étais là, dans le silence, à attendre qu'il s'en retourne. Dans ma tête, j'entendais : « c'est toi qui décides maintenant, nous sommes avec toi ».

J'ai alors compris que ma survie dépendait seulement du choix que j'avais à faire : mourir là au bout de mon sang dans cet immense trou, ou continuer de me battre pour survivre. Je savais très bien que Dieu, les anges et mes proches décédés veillaient sur moi.

Je me suis constamment répété que je ne voulais pas mourir alors j'ai décidé de courir, malgré le fait que j'étais en sous-vêtements et pieds nus dans ce trou. Quand j'ai pu ressortir du trou, je me suis mis à courir en disant à Dieu : « montre-moi la lumière ! »

C'est à ce moment que j'ai aperçu la seule maison dont les lumières étaient allumées. J'ai décidé d'aller frapper à cette porte en me disant que quoi qu'il advienne, je serais allé jusqu'à ce point. J'ai sonné, frappé et crié au secours jusqu'à ce qu'une voix me demande ce qui se passait. J'ai crié : « aidez-moi, je suis blessé, on m'a poignardé et je ne veux pas mourir. Aidez-moi ! » Je perdais beaucoup de sang et je sentais cette chaleur sortir de mes plaies, mais je continuais toujours à me battre. L'homme qui avait répondu était derrière sa porte et me disait de ne pas m'inquiéter que les secours arrivaient. C'est là que je que je me suis écroulé, sur le pas de sa porte, en me répétant que je ne voulais pas mourir et en demandant à Dieu de veiller sur moi car j'avais choisi la vie.

J'avais foi mais mon corps commençait à s'engourdir rapidement. L'homme m'a répété que les secours arrivaient. Il a établi un contact verbal avec moi afin de me rassurer. Il est normal qu'il n'ait pas voulu sortir de sa maison car il voyait un homme ensanglanté sur le pas de sa porte. Entre temps, sa conjointe avait appuyé sur le bouton panique afin que les autorités puissent arriver rapidement. Je ne me suis pas découragé car je devais rester en vie. C'est à ce moment que j'ai entendu les sirènes de police arriver.

Les policiers m'ont demandé ce qui se passait. Je leur ai répondu : « mon nom est Christian Boudreau et je viens de me faire poignarder. Mon agresseur s'appelle Nico et il est toujours chez-moi. Allez dans ma maison, mon portefeuille est à tel endroit. Vous verrez que c'est bien moi. Aidez-moi! Je ne veux pas mourir ! »

Des policiers sont restés près de moi pendant que d'autres se sont précipités vers ma maison. Ils m'ont dit de ne pas m'inquiéter, que l'ambulance arrivait. J'avais peur car j'étais à bout de souffle et je commençais à ne plus sentir mes jambes. L'ambulance arriva quelques secondes après et les ambulanciers ont pris soin de moi. Je leur ai répété que je ne voulais pas mourir et ils m'ont dit que c'était maintenant leur travail de me conduire à l'hôpital et de veiller sur moi. La voix de l'ambulancier était rassurante. Il a alors essayé de m'installer un masque d'oxygène mais je n'ai pas voulu car j'ai eu l'impression d'étouffer. Il m'a alors posé une lunette, il m'a dit qu'il ferait tout ce qui était en son pouvoir pour me garder en vie, d'avoir confiance.

Je me suis dit alors que j'avais donné le nom de mon agresseur et que si je mourais, la justice prendrait soin de lui. J'ai dit à l'ambulancier qu'il devait appeler mon amour et mon père. Je lui ai expliqué que mon père était cardiaque qu'il devait demander à parler à ma belle-mère plutôt qu'à lui. Je ne voulais pas qu'il ait un malaise à cause de cette agression. L'ambulancier me dit que je devais me taire et garder mes forces.

Intérieurement, je demandais à Dieu de concrétiser mon choix de vivre, je demandais à Damabiah, mon archange, de veiller sur moi et j'ai même dit à ma mère Francine, qui était décédée, de m'aider et de veiller sur moi comme elle le faisait lorsque j'étais enfant et que même si je ne devais pas survivre, qu'elle soit au rendez-vous. Je l'ai sentie près de moi, j'ai ouvert les yeux et l'ai vue là, juste à côté de l'ambulancier. Je me suis alors dit que tout le monde était là pour moi, que je pouvais me reposer maintenant.

Ce n'est que le surlendemain que j'ai ouvert les yeux en me sentant étouffer, comme si quelque chose bloquait ma gorge et m'empêchait de respirer. J'étais vivant ! J'avais réussi ! Une infirmière est venue me dire que j'étais intubé et que je devais rester calme. Elle s'est approchée de mon oreille et elle m'a dit : « c'est un vrai miracle que tu sois encore là, tout est beau, tu peux te reposer maintenant. Je lui ai fait comprendre, du mieux que je le pouvais, que quelque chose m'empêchait de respirer et de parler. Elle a demandé au médecin s'il pouvait enlever mes tubes. Suite à une réponse positive, quelques secondes plus tard, on me les retirait. Mes premières paroles furent : « je ne voulais pas mourir, je me suis battu pour ma vie, je ne voulais pas mourir. » L'infirmière me dit que j'avais subi de très grosses opérations suite aux lacérations qui m'avaient été infligées. Elle m'a rassuré en me disant qu'aucun organe interne, sauf un poumon, n'avait été atteint. J'étais sauvé. C'est alors que j'ai vu mon père, ma belle-mère, mon conjoint et ma sœur. Je me sentais enfin libéré et protégé.

On m'a alors dit que mes mains avaient été reconstruites, que plusieurs tendons avaient été sectionnés mais que ma vie n'était plus en danger. Tous me disaient de me reposer mais je voulais vivre et leur parler. Que de bons soins j'ai reçus, aux soins intensifs de cet hôpital.

On m'a rassuré, on m'a donné à boire et on m'a donné des médicaments contre la douleur et tous disaient que j'étais fort d'avoir continué de me battre pour ma vie tout au long de ces événements. On m'a dit que je devais me reposer car ce qui allait suivre serait tout aussi difficile. J'ai rencontré le détective de police qui m'a confirmé qu'il savait où se trouvait Nico et que ce n'était qu'une question d'heures avant qu'il soit appréhendé.

Il s'est fait rassurant en me disant qu'ici, plus rien ne pouvait m'arriver et m'a félicité de ma ténacité. Entre deux doses de morphine, j'ai pu parler à mon amie et productrice, je l'ai rassurée en lui disant qu'aussitôt remis sur pied, je travaillerais à terminer mon livre.

Elle pleurait en me disant de prendre mon temps et qu'elle était surtout contente que j'aie survécu à cette agression. Tous étaient près de moi, mon amour, ma belle-maman préférée, mon père, ma sœur, ma belle-mère ainsi que mes amis (es).

C'est pendant la nuit que je me suis demandé si j'avais bel et bien fait le bon choix. Être en vie était ma décision et je me suis dit que si Dieu m'avait donné cette autre chance, c'est qu'il croyait en moi. Je me suis également dit que je croyais en moi et qu'il était hors de question que quelqu'un vienne, soit par méchanceté, par envie ou parce qu'il était sous l'influence de drogue ou toute autre raison, m'enlever ce que j'avais de plus cher… MA VIE !

Il est humain de ressentir de la colère, de la tristesse voire des envies très négatives face à un agresseur. Dans une société comme la nôtre, la justice de l'homme a souvent des failles et j'appréhendais la sortie de mon agresseur dans les rues. Allait-il venir tenter de terminer ce qu'il avait entrepris? Allait-il me poursuivre et m'intimider? Les questionnements que j'avais, avaient fait place à beaucoup de doutes et de peurs. Pendant mon séjour à l'hôpital, toutes les nuits, je faisais des cauchemars. Je le voyais continuer de me poignarder, me couper les membres, etc. Malgré la médication, mes nuits étaient troublées. Je devais reprendre le pouvoir sur mes rêves mais comment faire? Devais-je lui laisser la place? Devais-je l'anéantir? Mes émotions et mes sentiments étaient troublés. Heureusement, j'avais beaucoup de gens que j'aime autour de moi.

Un autre drame auquel je devais maintenant faire face était de confronter la réalité du fait que mes mains avaient été reconstruites et que je devais travailler fort pour pouvoir en récupérer l'usage. Les membres du personnel de l'hôpital étaient géniaux. Chacun à leur façon, ils ont su me faire sentir bien. J'ai travaillé et je travaille toujours pour récupérer la mobilité de mes mains. Ce n'est pas toujours facile car chaque fois que je regarde mes mains, je revois toujours la lame du couteau pénétrant dans ma chair.

Je ressens toujours cette force négative à laquelle j'ai été confrontée. Il est certain que ces images sont toujours présentes en moi mais je dois m'efforcer de les combattre et apprendre de cette situation.

Ma peur de revoir mon agresseur était toujours constante. Je devais m'efforcer de comprendre qu'il ne pouvait plus rien contre moi. J'avais réussi à le déjouer une fois, je devrais être capable de le refaire une deuxième fois, si c'était nécessaire. Ma force de caractère et ma foi ont été des éléments cruciaux qui m'ont permis de passer à travers cette épreuve. Chaque jour que je passais à l'hôpital, je devais constamment répéter l'histoire à ceux qui ne la connaissaient pas. J'ai poursuivi les traitements, les médicaments et les soins qu'on me prodiguait afin de pouvoir guérir. Le fait que je sois encore vivant m'aidait beaucoup. Je ne pouvais pas tout comprendre mais je m'efforçais d'accepter la situation car si je continuais de vivre dans le déni ou dans l'apitoiement, je ne pourrais pas avancer dans ma nouvelle vie.

Après avoir rencontré les psychiatres et le psychologue, des êtres qui m'ont aidé à voir un peu plus clair en moi, j'ai pu comprendre qu'il était normal de vivre ces émotions. Une psychiatre m'a dit que je devais me trouver un défi pour pouvoir avancer. Je lui ai dit que j'aimerais cesser de fumer mais que pour l'instant, c'était un mince défi. Elle m'a alors demandé de chercher un autre défi. Je lui ai répondu que je voulais faire la première de ma tournée de conférences qui devait débuter un mois après cette agression. Elle m'a dit que c'était peut-être un peu gros mais je lui ai répondu que je devais montrer à mon agresseur que j'étais plus fort que lui, qu'il n'avait pas réussi, que j'étais toujours debout et toujours vivant. J'ai également ajouté qu'avec tout l'amour que les gens m'ont apporté, je serais capable d'être là comme un seul homme, même avec des orthèses aux mains et un fauteuil pour que je puisse m'asseoir et que je réussirais à faire de cette soirée une célébration de la vie.

Elle me dit que si je le voulais, je pouvais le faire mais que je devais également penser à moi et me reposer. J'avais trouvé mon but, celui de prouver à Nico qu'il n'avait pas réussi à tuer la personne que j'étais mais seulement à blesser le corps.

Les médecins et les spécialistes étaient très surpris de la rapidité avec laquelle je guérissais et me remettais sur pied. Après seulement 9 jours d'hospitalisation, on m'a donné mon congé, accompagné de toutes les recommandations et les médications nécessaires à la poursuite de ma convalescence à la maison. Lorsque j'ai annoncé la nouvelle à mon père et à ma belle-mère, ils ont été contents pour moi mais inquiets de la réaction que j'aurais en revenant sur les lieux de mon agression.

J'ai quitté l'hôpital en remerciant tout le monde pour leurs bons soins et nous nous sommes dirigés vers ma maison. J'avais demandé à mon père et ma belle-mère d'arrêter chez un fleuriste pour pouvoir acheter des fleurs au couple qui m'a porté secours lors de cette nuit-là.

Lorsque j'ai sonné à leur porte, j'ai eu un petit pincement au cœur et j'ai revu ma main ensanglantée frapper à cette porte quelques jours auparavant. L'homme a ouvert la porte, accompagné de sa conjointe, un jeune couple dans la quarantaine sympathique et souriant de me voir toujours en vie. Ils étaient très contents de me voir et moi aussi car sans eux, je ne sais combien de temps j'aurais pu rester là, dehors, au froid et au bout de mon énergie et de mon sang. Jean-François et Nadia ont communiqué avec les autorités dès mon arrivée chez-eux. Je voulais absolument les remercier du geste qu'ils avaient eu à mon égard.

Arrivés devant la porte de ma maison, mon père et ma belle-mère m'ont dit de prendre mon temps pour entrer à l'intérieur. J'étais là, dehors à me demander comment j'agirais une fois passée la porte d'entrée. Je sentais mon cœur battre comme si j'avais une pulsion intérieure qui me poussait à entrer dans la maison et à vaincre ce démon qui se terrait en moi.

Étant de nature fonceuse, j'ai ouvert la porte toute grande et j'ai gravi d'un pas assuré le grand escalier. Je me suis dirigé vers ma chambre, là où la tentative de meurtre avait eu lieu. Mon amour, sa mère et ses amis avaient tout nettoyé. Il ne restait plus aucune trace de sang mais seulement une légère odeur de produits de nettoyage.

Je me suis assis sur mon lit et j'ai remarqué qu'il y avait une petite tache de sang sur mon matelas qu'on avait pris soin de laver auparavant. Je me suis dit que je n'avais pas à m'inquiéter ou à paniquer car ce sang était le mien et non celui de mon agresseur. Un grand sentiment de fierté est alors monté en moi. J'étais là, vivant et prêt à avancer vers l'avenir.

Mon grand ami Daniel s'était joint à nous pour pouvoir m'aider et me permettre de ne pas demeurer seul durant ma première nuit à la maison. Vers 23:00, j'étais exténué. Daniel et moi, réalisant qu'il était temps de se coucher, je me suis dirigé vers mon lit pour pouvoir dormir. Sachant que Daniel était dans la maison, je savais que rien ne pouvait m'arriver. Je me suis couché et c'est là que j'ai dû commencer la première bataille. Chaque bruit, chaque craquement, me faisait sentir un peu fébrile mais je devais continuer et vaincre ma peur. Je me suis dit que mon agresseur était présentement en prison et que je ne devais pas m'inquiéter car j'étais protégé, en vie et maître de moi-même. Je me suis calmé et j'ai vécu ma première nuit sans drame, sans cauchemar.

C'est le lendemain matin, après une bonne discussion avec mon ami, que j'ai compris que cet épisode de ma vie allait m'apporter énormément. Je devais comprendre le fondement réel de cette agression car dans toute chose que nous vivons, il y a toujours une leçon à en tirer.

Depuis ce jour, tout a bien changé. J'ai compris que pour moi, j'étais la personne la plus importante sur terre. Certains diront que c'est de l'égoïsme moi je dirais que c'est plus une constatation de vie et un oubli de moi-même envers moi-même. Je m'explique :

avant la journée de l'agression, j'étais dans un mode de vie où je m'oubliais constamment. Je vivais toujours à cent milles à l'heure, je ne me contentais pas de ce que j'avais et je ne m'arrêtais pas pour prendre le temps d'apprécier tout ce que j'avais déjà. Les richesses, le matériel, la célébrité ne sont que des choses futiles aidant certes au bonheur sans toutefois en être la cause. Je voulais toujours bien paraître aux yeux des gens mais voilà : j'avais oublié, dans tous ce torrent que la personne la plus importante, c'est Moi.

Lorsque j'étais sur le pas de cette porte ce matin-là, lorsque la mort a frôlé mon être, je n'avais pas toutes ces richesses avec moi. Au contraire, je n'étais vêtu que d'un simple sous-vêtement. J'ai compris, avec le temps, qu'on oublie d'apprécier tout ce que nous avons auprès de nous. Que ce soit matériel, les gens qu'on l'on aime, nos emplois et même notre santé, nous accordons trop de temps à vouloir aimer ce que nous n'avons pas encore acquis et oublions de bien aimer ce que nous avons déjà. Pour la plupart d'entre nous, nous sommes très riches sans le savoir.

Lors de mon séjour à l'hôpital j'ai rencontré une dame dans le corridor. Elle critiquait sur le fait que sa fille n'était pas arrivée à l'heure, que les infirmières prenaient trop leur temps, qu'elle manquait ses émissions de télévision. J'ai demandé à cette femme pourquoi critiquait-elle autant ? Elle m'a répondu que la vie est injuste, qu'elle n'a plus confiance en sa fille, que sa vie est finie. Je l'ai longuement regardée, en souriant. Elle m'a alors demandé pourquoi je souriais bêtement et je lui ai répondu : « vous êtes en vie, vous êtes vivante! C'est la plus belle richesse qu'il ne puisse pas y avoir. C'est vrai que ça peut être difficile, mais dites-moi où il est écrit que la vie est facile. C'est vous qui rendez votre vie si difficile et misérable. » La dame m'a regardé en se disant sûrement qu'elle faisait face à un hurluberlu.

J'ai continué en lui disant que plutôt que de se concentrer sur ce que qu'elle n'a pas, elle devrait remercier pour ce qu'elle a! Vous dites que les infirmières sont lentes.

N'oubliez-pas ce sont elles qui vous aident à faire que votre santé aille de mieux en mieux. Vous dites que votre fille est en retard. Dites-vous qu'au moins, elle est présente. Plusieurs personnes dans cet hôpital vivent leur maladie et même leur mort seules. Vous êtes riche madame, vous êtes riche sans le savoir. La dame, les yeux pleins d'eau m'a dit que j'avais bien raison et elle s'en est retournée dans sa chambre. Le jour de mon départ, j'ai de nouveau rencontré cette dame qui m'a remercié de lui avoir ouvert les yeux et de lui avoir fait comprendre que son bonheur était maintenant entre ses mains.

La vie passe trop rapidement et on ne sait jamais exactement quand elle se terminera. La plupart des gens passent leur temps à chercher des artifices pouvant combler un manque de bonheur. Mais voilà, le bonheur tout prêt à utiliser n'existe pas encore. Nous sommes les artisans de notre bonheur. Tout ce que nous récoltons durant une vie ne nous suivra pas dans la mort. Cette recherche de l'abondance instantanée, de la fontaine de jouvence, de l'éternel amour nous aveugle face à ce qu'est la vraie richesse. Je ne dis pas qu'il faut se départir de toutes nos possessions mais d'apprécier ce que nous avons, de nous féliciter du travail que nous avons accompli et qui nous a permis d'obtenir ces richesses, d'avoir des gens qui nous aiment autour de nous car oui, même la plus seule des personnes a toujours quelqu'un de proche qui veille sur elle.

Lorsque j'étais à l'hôpital, je me suis souvent repassé cette belle histoire que j'aime raconter : celle des pas dans le sable. Un jour, un homme qui marchait sur la plage de sa vie a remarqué qu'il y avait toujours deux traces de pas dans sable : la sienne et celle de Dieu. Cependant, à un moment donné de sa vie où il ne voyait plus qu'une seule trace de pas dans le sable, l'homme s'est tourné vers Dieu et lui a demandé pourquoi, alors qu'il l'avait accompagné tout au long de sa vie, il n'était plus là au moment où il avait réellement besoin de lui. Il se demandait pourquoi Dieu l'avait laissé tomber.

Dieu lui répondit : « c'est faux mon ami, je ne t'ai jamais abandonné. Pendant les périodes les plus difficiles de la vie, je ne marchais pas à tes côtés c'est vrai, mais je te portais sur mes épaules. ». Comme quoi nous ne sommes jamais seuls. Même lorsque nous sentons que les autres nous abandonnent, d'autres sont là pour veiller sur nous en silence.

J'ai également compris qu'en essayant d'aider les autres, j'oubliais la personne la plus importante pour moi… Moi. Phrase facile me direz-vous ? Peut-être mais l'important c'est que je saisisse cette deuxième chance que la vie m'a donnée. Vouloir aider est très noble, le problème c'est lorsqu'on veut aider en s'oubliant. Je ne me suis pas respecté, j'ai travaillé des heures et des heures, sans donner de répit à mon corps et à ma tête, pour toujours vouloir être là au bon moment, pour toujours donner sans compter et j'en passe. Tous ces troubles et ces façons d'agir n'ont pas permis de m'aider moi-même mais bien d'aider les autres en m'oubliant.

Il est vrai que la vie m'a imposé cette expérience qui n'était pas prévue dans mon chemin de vie, qui pourrait prévoir un acte aussi cruel que celui-là, mais je me dois de rester debout. Nous avons toujours le choix, je pourrais rester là, assis à pleurer sur mon sort ce qui serait tout à fait normal. Ou alors je peux avancer dans la vie avec le bagage d'expérience que j'ai acquis au cours des années. J'ai la conviction personnelle profonde que nous pouvons tous changer notre vie, et s'en faire une meilleure si nous le voulons vraiment. Si nous prenons le temps d'aimer tout le bagage que nous avons acquis depuis notre naissance, d'apprendre de celui-ci, de rejeter ce que nous ne voulons pas garder, d'améliorer ce que nous voulons conserver, nous pouvons vraiment réussir à obtenir l'essence même de cette vie.

Dans cette vie, trop de gens se plaignent pour rien, et je m'inclus dans cette catégorie. Ils ne prennent pas le temps de regarder toutes les belles choses qui les entourent. À quand remonte la dernière fois que vous vous êtes arrêtés pour regarder un oiseau marcher sur le bord de votre fenêtre?

Quand avez-vous pris le temps de regarder des enfants jouer dans la rue? À quand remonte la dernière fois où vous avez dit à un proche que vous l'aimez ? Toutes ces questions ne sont là que pour nous faire remarquer que de la façon dont nous vivons, dans ce train qui roule à vive allure et nous fait vivre une vie souvent toxique ou nous oublions les plus belles choses de la vie, nous oublions la vraie raison pour laquelle nous sommes en vie... La vie elle-même.

Il ne faut pas attendre d'être sur le point de mourir ou d'être face à cette réalité pour pouvoir dire aux autres à quel point nous les aimons et, par le fait même de se dire à soi-même et de se prouver à quel point nous nous aimons. La vie est parfois trop courte pour en réaliser l'ampleur. En cette soirée du 20 octobre 2011, j'avais oublié de prendre soin de la meilleure personne pour moi, c'est-à-dire moi. Mais la vie a fait en sorte de m'ouvrir les yeux et de me permettre de constater cette réalité qu'il me fait plaisir de partager avec vous aujourd'hui.

La vie m'apportera sûrement encore plusieurs surprises. J'espère qu'elles seront des plus positives mais si la vie m'apporte d'autres expériences, je serai alors en mesure de les affronter car après cette vie passée, il y a eu cette mort et maintenant cette nouvelle vie qui m'est accordée. Je vis actuellement ce dernier chapitre qu'est la vie après la mort.

Remerciements

" La reconnaissance est la mémoire du cœur.»

Hans Christian Andersen

Tout d'abord, j'aimerais remercier Dieu de m'avoir donné la chance de naître différent et de m'avoir toujours accompagné sur la plage de ma vie. Merci d'avoir mis l'ange Damabiah sur ma route afin de pouvoir réaliser ma mission.

J'aimerais également remercier ma famille qui m'a toujours supporté dans mes histoires quelquefois un peu abracadabrantes. Merci à mon père Paul, que j'ai redécouvert depuis quelques années. Merci à Denise, ma belle-mère et assistante préférée, merci à vous d'être là. Merci à mes sœurs et à tout le reste de ma famille, en particulier à ma grand-maman Denise, merci de tes conseils et de ton amour.

Merci à ma mère Francine qui, du haut du ciel, veille sur son fils et l'aide à s'adapter à ce monde trop grand pour lui. Merci pour tout ton amour maman et merci de la vie que tu m'as donnée. Tu me manques tellement.

Merci à mes amis (es). Je sais que je ne suis pas toujours disponible pour vous mais soyez assurés que je vous porte tous dans mon cœur. La liste serait peut-être trop longue pour nommer chacun de vous mais l'amour que je vous porte est individuel, vrai et parmi ce qu'il y a de plus unique au monde. Merci de faire partie de ma vie.

Merci à ma nouvelle collègue et amie, Lyne Sarrazin, de m'avoir accordé sa confiance et de bien vouloir partager cette vie un peu mouvementée qu'est la mienne. J'espère que cette nouvelle amitié durera encore plusieurs années.

Merci à mon amour. Tu as toujours été là pour moi et je t'en remercie. Je sais que je n'ai pas toujours été facile mais mon amour pour toi ne peut être plus grand.

Merci, ma belle Laurence, d'avoir pris le temps de trouver une personne pour la correction des textes. Je la remercie grandement (Marie-Claude). J'ai une grande amitié pour toi et elle restera à jamais gravée dans l'histoire.

Merci à Christophe, Thomas et Charlotte de m'avoir permis de vivre une forme de paternité et de pouvoir ainsi laisser une trace dans le sable de la plage de vos vies.

Merci à France Gauthier et Lynda Lafortune, la belle gang de « deux filles le matin » et à tous les autres collaborateurs et collaboratrices avec qui j'ai eu à travailler tout au long de ma carrière. J'espère poursuivre cette collaboration encore longtemps.

J'aimerais également remercier toutes les personnes que j'ai rencontrées au cours de ma vie. Nos chemins se sont croisés pour que nous puissions, l'univers et moi, vous apporter la vérité. Chacun de vous peut considérer ces remerciements comme personnels.

À tous Madelinots et Madeliniennes du plus beau coin du pays au monde, les Îles-de-la-Madeleine, merci de votre accueil, de votre amour et de votre support. Je suis fier de faire partie de vous et de l'histoire.

Merci à tous les admirateurs. Chaque fois que je vous lis ou que je vous rencontre c'est à chaque fois une belle histoire qui débute.

Merci à tous les médias qui ont bien voulu croire en moi et qui, je le souhaite, continueront de faire connaître la réalité de la vérité.

En terminant, merci à la vie. Elle m'a apporté son lot de joies, de peines, d'expériences positives et négatives qui m'ont permis d'avancer, d'apprendre et d'évoluer. Je sais que la vie n'est pas toujours simple mais dites-moi, où il est écrit que la vie est facile… Chacun de nous a entre ses mains tout ce qu'il faut pour la rendre facile ou difficile.

Si j'ai oublié quelqu'un, j'en suis désolé et je vous prie de considérer que ces remerciements sont aussi pour vous. Désolé l'erreur est humaine et la mémoire nous joue quelquefois des tours et, aux dernières nouvelles, je suis toujours un humain.